LEY GENERAL DE MECANISMOS ALTERNATIVOS DE SOLUCIÓN DE CONTROVERSIAS

***ACCESO GRATIS** a la Lectura en la Nube + Actualizaciones*

Para visualizar el libro electrónico en la nube de lectura envíe junto a su nombre y apellidos una fotografía del código de barras situado en la contraportada del libro y otra del ticket de compra a la dirección:

ebooktirant@tirant.com

En un máximo de 72 horas laborables le enviaremos el código de acceso con sus instrucciones.

Ley General de Mecanismos Alternativos de Solución de Controversias

Edición y estudio preliminar de

MIGUEL CARBONELL

tirant lo blanch
Ciudad de México, 2024

© EDITA: TIRANT LO BLANCH
DISTRIBUYE: TIRANT LO BLANCH MÉXICO
Av. Tamaulipas 150, Oficina 502
Hipódromo, Cuauhtémoc, 06100, Ciudad de México
Telf: +52 1 55 65502317
infomex@tirant.com
www.tirant.com/mex/
www.tirant.es
ISBN: 978-84-1056-672-9

Índice

Estudio preliminar
Una ley para solucionar problemas

Miguel Carbonell
Director del Centro de Estudios Jurídicos Carbonell AC

1. El marco constitucional

En el *Diario Oficial de la Federación* del 26 de enero de 2024 se publicó la Ley General de Mecanismos Alternativos de Solución de Controversias. Es una legislación que tendrá un enorme impacto en la manera a través de la cual se solucionan los problemas legales de las personas y que también supone un potente llamado de atención para los profesionales del derecho, que tendremos a nuestro alcance nuevas y muy buenas oportunidades de desarrollo profesional por medio de la aplicación de esta legislación tan relevante.

Recordemos que en México hay diversos fundamentos constitucionales que resaltan la importancia de los mecanismos alternativos de solución de controversias. Vale la pena recordar al menos los siguientes:

A) Mediante reforma constitucional publicada en el *Diario Oficial de la Federación* el 18 de junio de 2008 se establece en el artículo 17 de nuestra Carta Magna que "Las leyes preverán mecanismos alternativos de solución de controversias. En materia penal regularán su aplicación, asegurarán la reparación del daño y establecerán los casos en los que se requerirá supervisión judicial". Conforme a la segunda frase de este párrafo, en el *Diario Oficial de la Federación* del 29 de diciembre de 2014 fue publicada la Ley Nacional de Mecanismos Alternativos de Solución de Controversias en Materia Penal.

B) En el *Diario Oficial de la Federación* del 5 de febrero de 2017 fue publicada una reforma mediante la que se faculta al Congreso de la Unión "Para expedir la ley general que establezca los principios y bases en materia de mecanismos alternativos de solución de controversias, con excepción de la materia penal" (artículo 73 fracción XXIX-A). El artículo transitorio segundo del respectivo decreto de reforma constitucional establecía un plazo máximo de seis meses para que el Congreso de la Unión hubiera ejercido esa facultad. Como es evidente, dicho plazo fue ampliamente rebasado[1].

C) También es oportuno recordar que, mediante reforma constitucional publicada en el *Diario Oficial de la Federación* el 15 de septiembre de 2017, se añadió un párrafo tercero al artículo 17 de la Constitución mexicana para señalar que "Siempre que no se afecte la igualdad entre las partes, el debido proceso u otros derechos en los juicios o procedimientos seguidos en forma de juicio, las autoridades deberán privilegiar la solución del conflicto sobre los formalismos procedimentales". Podría parecer que esta disposición no está relacionada con los mecanismos alternativos de solución de controversias (MASC), pero lo cierto es que son precisamente estos mecanismos los que permiten en muchos casos alcanzar una solución de fondo a los problemas de las personas. De hecho, si queremos que sea el fondo y no la mera forma lo que guíe la solución de los problemas jurídicos en el país (o al menos de una parte significativa de ellos), los MASC son una vía privilegiada para lograrlo.

---

1 La Segunda Sala de la Suprema Corte de Justicia de la Nación, al resolver el Amparo en Revisión 651/2022 en su sesión del 9 de agosto de 2023, declaró la omisión legislativa absoluta del Congreso de la Unión, violatoria del texto constitucional, por no haber expedido en ese momento la Ley General de Mecanismos Alternativos de Solución de Controversias.

2. Ventajas de la unificación legislativa

La expedición de una ley general en materia de MASC tiene muchas ventajas. Una de ellas es que dota de una regulación de carácter homogéneo aplicable en todo el país. Otra ventaja es que obliga a las entidades federativas a tomarse en serio el funcionamiento de los MASC y a prever los cauces institucionales, presupuestales, personales y desde luego normativos para hacerlos realidad.

Pero sobre todo, la gran ventaja de tener una ley general en la materia consistirá, desde mi punto de vista, en la posibilidad de dotar de un mismo esquema de capacitación a todos los operadores del sistema, tal como se ha intentado hacer —con mayor o menor éxito, cabe reconocerlo— en otras materias.

Ahora bien, hay que reparar en el hecho de que la fracción XXIX-A del artículo 73 constitucional determina que el Congreso de la Unión tiene la facultad, en materia de MASC, de expedir una ley general en la cual se establezcan los principios y las bases que habrán de regir en tal materia. Es decir, el mandato constitucional indica que en materia de medios alternativos de solución de controversias existen facultades concurrentes, de forma que tiene competencia el Congreso de la Unión, pero también los congresos de las entidades federativas.

Al revés de lo que sucedió con la regulación del procedimiento penal, del procedimiento civil y del procedimiento familiar, en los cuales la Constitución ordenó una regulación única dictada por el Congreso de la Unión, en materia de MASC se divide la competencia.

Lo que hará por tanto la Ley General es establecer un marco de actuación dentro del cual habrá también posibilidades regulativas y de innovación a cargo de las entidades federativas. Sobra decir que la Ley General guarda una relación de mayor jerarquía respecto de las leyes locales, de modo que los poderes legislativos de las entidades federativas deben evitar cualquier contradicción normativa en sus respectivas leyes con la ley general.

3. Los MASC como derecho humano

De acuerdo con la interpretación que ha hecho el Poder Judicial de la Federación el acceso a los MASC es ya en México un derecho humano, del mismo rango que el más conocido y más tradicional derecho de acceso a la justicia. Así se ha reconocido en las siguientes tesis:

> **Registro digital:** 2004630
> **Instancia:** Tribunales Colegiados de Circuito
> **Décima Época**
> **Materia(s):** Constitucional, Común
> **Tesis:** III.2o.C.6 K (10a.)
> **Fuente:** Semanario Judicial de la Federación y su Gaceta. Libro XXV, Octubre de 2013, Tomo 3, página 1723
> **Tipo:** Aislada
> ACCESO A LOS MECANISMOS ALTERNATIVOS DE SOLUCIÓN DE CONTROVERSIAS, COMO DERECHO HUMANO. GOZA DE LA MISMA DIGNIDAD QUE EL ACCESO A LA JURISDICCIÓN DEL ESTADO.
> Los artículos 17, segundo párrafo, de la Constitución Política de los Estados Unidos Mexicanos, 8 de la Convención Americana sobre Derechos Humanos y 14 del Pacto Internacional de Derechos Civiles y Políticos, reconocen a favor de los gobernados el acceso efectivo a la jurisdicción del Estado, que será encomendada a tribunales que estarán expeditos para impartir justicia, emitiendo sus resoluciones de manera pronta, completa e imparcial; en ese sentido, la Constitución Federal en el citado artículo 17, cuarto párrafo, va más allá y además de garantizar el acceso a los tribunales previamente establecidos, reconoce, como derecho humano, la posibilidad de que los conflictos también se puedan resolver mediante los mecanismos alternativos de solución de controversias, siempre y cuando estén previstos por la ley. Ahora bien, en cuanto a los mecanismos alternativos de solución de controversias, se rescata la idea de que son las partes las dueñas de su propio problema (litigio) y, por tanto, ellas son quienes deben decidir la forma de resolverlo, por lo que pueden optar por un catálogo amplio de posibilidades, en las que el proceso es una más. Los medios alternativos consisten en diversos procedimientos me-

diante los cuales las personas puedan resolver sus controversias, sin necesidad de una intervención jurisdiccional, y consisten en la negociación (autocomposición), mediación, conciliación y el arbitraje (heterocomposición). En ese sentido, entre las consideraciones expresadas en la exposición de motivos de la reforma constitucional al mencionado artículo 17, de dieciocho de junio de dos mil ocho, se estableció que los mecanismos alternativos de solución de controversias "son una garantía de la población para el acceso a una justicia pronta y expedita..., permitirán, en primer lugar, cambiar al paradigma de la justicia restaurativa, propiciarán una participación más activa de la población para encontrar otras formas de relacionarse entre sí, donde se privilegie la responsabilidad personal, el respeto al otro y la utilización de la negociación y la comunicación para el desarrollo colectivo"; ante tal contexto normativo, debe concluirse que tanto la tutela judicial como los mecanismos alternos de solución de controversias, se establecen en un mismo plano constitucional y con la misma dignidad y tienen como objeto, idéntica finalidad, que es, resolver los diferendos entre los sujetos que se encuentren bajo el imperio de la ley en el Estado Mexicano.
SEGUNDO TRIBUNAL COLEGIADO EN MATERIA CIVIL DEL TERCER CIRCUITO.
Amparo en revisión 278/2012. Alfonso Ponce Rodríguez y otros. 13 de septiembre de 2012. Unanimidad de votos. Ponente: Gerardo Domínguez. Secretario: Enrique Gómez Mendoza.

Registro digital: 2020851
Instancia: Tribunales Colegiados de Circuito
Décima Época
Materia(s): Constitucional
Tesis: I.3o.C.3 CS (10a.)
Fuente: Gaceta del Semanario Judicial de la Federación.
Libro 71, Octubre de 2019, Tomo IV, página 3517
Tipo: Aislada
JUSTICIA ALTERNATIVA. CONSTITUYE UN DERECHO HUMANO DE RANGO CONSTITUCIONAL.
La reforma al artículo 17 de la Constitución Política de los Estados Unidos Mexicanos, publicada en el Diario Oficial de la Federación el 18 de junio de 2008, encuentra su telos en lograr que

> la justicia sea impartida de manera rápida y eficaz. El Poder Reformador de la Constitución estimó que los justiciables tuvieran la posibilidad de acceder a los métodos alternativos de solución de conflictos como una opción al proceso jurisdiccional, para fomentar la cultura del diálogo, el respeto por el otro, la agilidad y eficacia, entre otros, que los medios alternativos tienen. Con esta reforma constitucional, el Estado deja de tener el monopolio para dirimir las controversias entre particulares y da cabida a los medios alternativos para resolver los conflictos, para que de una forma expedita y de fondo, las partes con ayuda de terceros imparciales, resuelvan expedita, equitativa y flexiblemente los conflictos. De modo que la importancia y trascendencia de la citada reforma es elevar a rango constitucional el derecho humano de acceso a los medios alternativos de justicia de naturaleza civil, para que los conflictos se resuelvan de una manera rápida, ágil, pacífica y eficaz, al ser herramientas para revolucionar el sistema tradicional de justicia, los cuales derivan de lo establecido en el párrafo quinto del artículo 17 de la Constitución Federal.
> TERCER TRIBUNAL COLEGIADO EN MATERIA CIVIL DEL PRIMER CIRCUITO.
> Amparo directo 935/2018. Luz María del Carmen Zariñana Garduño. 30 de enero de 2019. Unanimidad de votos. Ponente: Paula María García Villegas Sánchez Cordero. Secretaria: María Alejandra Suárez Morales.

Al reconocer que el acceso a los MASC es un derecho humano, el Poder Judicial de la Federación nos está enviando un mensaje de la mayor relevancia, en el sentido de que tales mecanismos alternativos deben ser tomados con toda seriedad y considerados como una opción primordial para quienes buscan una solución a sus problemas jurídicos. Tienen tanta importancia como la que corresponde a los mecanismos jurisdiccionales.

4. La estructura institucional

Tomando en cuenta que, según datos del INEGI contenidos en el Censo Estatal de Impartición de Justicia, cada año llegan a conocimientos de nuestros tribunales en las entidades federativas unos 950 mil nuevos asuntos en materia familiar y unos 540 mil en materia civil, es obvio que la necesidad de acudir a los MASC es impostergable. No hay una estructura institucional en nuestros poderes judiciales que pueda hacer frente a una carga tan alta de asuntos, la cual desde luego es previsible que se mantenga o incluso que se pueda llegar a incrementar en los próximos años.

Es indispensable asegurar el acceso a soluciones prontas y expeditas para los problemas de la gente, pero no siempre ni necesariamente a través del desahogo de complejos, tortuosos, caros y lentos procesos judiciales. Los MASC son la respuesta a muchos de esos problemas.

El propio INEGI reporta la existencia de 247 oficinas de atención del órgano especializado o unidad administrativa especializada encargada del ejercicio de la función de justicia alternativa y/o mecanismos alternativos de solución de controversias de los poderes judiciales, al 31 de diciembre de 2022 (ver el Censo Estatal de Impartición de Justicia 2023).

En esas oficinas trabajan 1,526 personas (llama la atención que el 65% de ellas son personas de sexo femenino, lo cual es una magnífica noticia). Para tener un punto de comparación, consideremos que en el país hay 4,175 personas juzgadoras a nivel de órganos estatales de impartición de justicia (de las cuales el 56.4% son de sexo masculino y el 43.6% de sexo femenino).

La mayor parte de asuntos que se atienden en estos centros de justicia alternativa tratan de asuntos familiares (un 43%), seguidos de los asuntos civiles y mercantiles. Cabe señalar que los asuntos en materia laboral cuentan con su propio sistema de conciliación, previsto en el artículo 123 apartado A fracción XX, a partir de cuyo texto se crea una estructura institucional de carácter administrativo (esto es, separada de la estructura de los poderes judiciales locales y del federal) encargada de desahogar los procedimientos de conciliación que (en materia laboral) son instancias a las que hay que acudir de manera obligatoria antes de poder iniciar un proceso judicial, salvo algunas excepciones muy puntuales previstas en la Ley Federal del Trabajo (ver el artículo 685ter de dicha Ley).

Afortunadamente la nueva Ley General crea el Consejo Nacional de Mecanismos Alternativos de Solución de Controversias, que será el órgano rector en materia de políticas públicas sobre MASC (ver su artículo 9). Estará integrado por las personas titulares de los centros públicos de justicia alternativa de los poderes judiciales en las entidades federativas y del Poder Judicial de la Federación (artículo 10). Además, en sus sesiones podrá tener como invitados a miembros de la sociedad civil, quienes concurrirán con voz pero sin voto (artículo 12). La participación de los integrantes del Consejo Nacional tendrá carácter honorífico (artículo 9).

De acuerdo a lo que señala el artículo 18 de la Ley General, entre las atribuciones del Consejo Nacional se encuentran las de expedir los Lineamientos de capacitación, evaluación, certificación, renovación, suspensión y revocación de personas facilitadoras; expedir los Lineamientos de creación de la Plataforma Nacional de Personas Facilitadoras, así como de actualización y mantenimiento del Sistema Nacional de Información de Convenios, entre otras. Entre las facultades establecidas para los Poderes Judiciales de las entidades federativas se encuentran las muy relevantes de otorgar, revocar, suspender o renovar la certificación a las personas facilitadoras en el ámbito público y privado; la creación y actualización del Registro de Personas Facilitadoras, e impulsar, fomentar y difundir el uso de los mecanismos alternativos.

Los "Centros de Mecanismos Alternativos de Solución de Controversias" serán órganos auxiliares de los Poderes Judiciales Federal o de las entidades federativas; podrán ser de carácter público o privado y contarán con independencia técnica, operativa y de gestión (artículo 22).

5. Aspectos destacados de la Ley General

La puesta en práctica de los MASC estará a cargo de quienes la Ley General denomina "personas facilitadoras" en el ámbito público y privado (artículo 2) quienes tendrán a su cargo las siguientes obligaciones principales: renovar su certificación cada cinco años; determinar si el asunto es susceptible de ser resuelto a través de mecanismos alternativos; verificar que los Convenios reúnen requisitos de existencia y validez y remitirlos al Centro Público para su registro; vigilar que no se afecten derechos irrenunciables de las partes, de terceros y disposiciones de orden público; Informar a las partes, la naturaleza y principios del trámite, así como el alcance jurídico del Convenio; cuando el facilitador no sea licenciado en derecho, deberá auxiliarse de uno; verificar la disponibilidad de los bienes y derechos susceptibles de ser afectados por la suscripción del convenio, así como hacer del conocimiento de las autoridades competentes los hechos que las leyes señalen como delito (artículo 30).

Tales personas facilitadoras tendrán fe pública, podrán expedir copias certificadas así como certificar el contenido de los convenios que se firmen ante ellas (artículo 32).

Las personas facilitadoras podrán ser sujetos de responsabilidades de carácter administrativo, civil y en su caso penal por la deficiente o negligente suscripción o registro del contenido de un Convenio; deberán abstenerse de patrocinar, representar o asesorar a las partes, fuera de los mecanismos alternativos, durante y al menos el año previo o posterior a la celebración del Convenio y su registro (artículos 36 y 139).

Para obtener la certificación como persona facilitadora, se establecen los siguientes requisitos: Título y Cédula profesional de estudios de licenciatura; contar con la nacionalidad mexicana en pleno goce y ejercicio de sus derechos civiles y políticos; no haber sido sentenciados por delito doloso; no ser declarada persona deudora alimentaria morosa, y aprobar las evaluaciones que al efecto determine el Poder Judicial de las entidades federativas (artículo 40). Para ser persona titular de los Centros Públicos se establecen los requisitos de contar con experiencia profesional de al menos cinco años y tener título y cédula de Licenciatura en Derecho (artículo 27).

La certificación otorgada por los Poderes Judicial, Federal y de las entidades federativas es personalísima, intransferible e indelegable (artículo 39), acredita a la persona facilitadora para conducir los mecanismos alternativos de solución de controversias en el ámbito público o privado. La vigencia de la certificación será de 5 años, sin perjuicio de las revisiones periódicas que se puedan establecer (artículo 43).

Las personas facilitadoras deberán excusarse o podrán ser recusadas para conocer de los asuntos, de conformidad con lo dispuesto en el artículo 104 del Código Nacional de Procedimientos Civiles y Familiares (artículo 46).

Siguiendo con la tendencia cada vez más presente de permitir el uso de las nuevas tecnologías en el ámbito de la justicia, la Ley General señala que los MASC podrán tramitarse mediante el uso de tecnologías de la información y comunicación mediante sistemas en línea (artículos 86 al 93).

La Ley General contempla cinco tipos de mecanismos alternativos de solución de controversias, si bien es cierto que aclara la propia norma que dicha enunciación no tiene carácter taxativo o limitativo, por lo cual las leyes locales en la materia podrán añadir alguno o algunos adicionales. Los cinco mecanismos establecidos en la Ley General son: a) negociación; b) negociación colaborativa; c) mediación; d) conciliación; e) arbitraje (artículo 4).

El trámite para desahogar los medios alternativos se encuentra previsto en los artículos 61 al 80. Hay una regulación específica para el tema, sin duda alguna muy delicado, de la justicia restaurativa de los artículos 81 al 85, así como una regulación sobre el uso de las nuevas tecnologías para el desahogo de tales medios alternativos (artículos 86 al 93).

Los convenios que se celebren ante las personas facilitadoras públicas o privadas tendrán efectos de cosa juzgada (artículo 98), si bien es cierto que podrán ser modificados tratándose de la materia familiar (artículo 102).

Algunos convenios que se celebren con la participación de personas facilitadoras privadas, dependiendo de su contenido, deberán ser presentados ante los Centros Públicos de Mecanismos Alternativos de Solución de Controversias para su revisión y validación (artículo 97).

6. Una oportunidad de renovar la cultura jurídica

Una característica que ha acompañado a todas las sociedades humanas a lo largo de la historia es la presencia en su seno de permanentes conflictos. Lo que ha intentado hacer la larga marcha del proceso civilizatorio, quizá no con el éxito que sería deseable o esperable, es ir generando cauces institucionales para que tales conflictos puedan resolverse con la menor cantidad de violencia que sea posible.

La conflictividad social ha causado guerras, ha dividido a familias, ha tenido un enorme coste emocional, financiero, físico y hasta político. Las sociedades que han sabido encauzar su conflictividad interna han prosperado y han alcanzado la paz. Las sociedades que se han encarnizado en los conflictos han postergado su desarrollo y le han negado a sus habitantes la posibilidad de realizar de manera libre y segura sus propios planes de vida.

Como podrá imaginar el lector, es mucho lo que está en juego cuando tocamos el tema de la forma en la que debemos ponernos de acuerdo para dirimir nuestras diferencias.

Los conflictos han existido y seguirán existiendo. No creo que esté al alcance de ninguna sociedad humana su eliminación completa. Lo que sí podemos (y debemos) hacer es mejorar la forma de encauzar el conflicto social, a través de la búsqueda de mecanismos que permitan respuestas ágiles y veloces a los mismos.

En el diseño y puesta en prácticas de las diversas formas existentes de resolución pacífica de los problemas sociales han tenido un papel destacados los profesionales del derecho. La nueva Ley General de MASC es una poderosa llamada de atención para que generemos una nueva cultura jurídica y aprendamos a trabajar de una manera diferente. No todo se puede ni se debe judicializar. Muchos de los asuntos que atendemos cotidianamente desde el ejercicio de la abogacía deben encontrar en los medios alternativos el mejor cauce posible para ser solucionados.

La forma de resolver conflictos sociales varía mucho dependiendo de las personas que están involucradas, de la existencia de cauces más adversariales o más colaborativos que se pongan al alcance de las personas involucradas, del grado de obligatoriedad del mecanismo existente, del nivel de formalización o desformalización que lo caracterice, del papel de terceras personas en la búsqueda de la solución y de los tipos y calidades de resultados que son esperables.

En cualquier caso, siempre vamos a necesitar mecanismos que institucionalicen el diálogo y detengan en la mayor medida posible las respuestas violentas. Es indispensable generar oportunidades para que las partes involucradas puedan sentarse y hablar, en muchos casos con la ayuda de terceros que fomenten y dirijan ese diálogo (esa responsabilidad de los terceros intervinientes es muy grande cuando se utilizan mecanismos como la mediación o el arbitraje, y mucho más todavía cuando acudimos a mecanismos judiciales).

El papel de los terceros se traduce, por ejemplo, en la ayuda que prestan para que las partes establezcan o incluso mejoren la comunicación entre ellas, para que desarrollen mejores relaciones (relaciones marcadas por el respeto recíproco y por el ánimo compartido para encontrar la mejor solución posible al conflicto), que se identifiquen con la mayor claridad posible los intereses, opiniones, posturas, necesidades y hasta los sentimientos de las personas involucradas, que se diseñe y propongan uno o varios esquemas de posibles soluciones y, finalmente, que se reconozcan y construyan acuerdos entre las partes que sirvan para poner fin al conflicto.

La presencia de un tercero facilitador o colaborador (un conciliador, un mediador, incluso un árbitro) es útil cuando en un conflicto las partes tienen dificultades para contactarse, para ponerse de acuerdo respecto a una posible cita o en general para iniciar conversaciones tendientes a la solución de su problema. También es útil la presencia de un tercero cuando entre las partes existen emociones o sentimientos negativos sobre el objeto del conflicto o sobre la otra parte involucrada, con un grado tal de intensidad que les resulta muy difícil tener una discusión sosegada para llegar a determinados puntos de acuerdo.

En todo lo anterior hay una cuestión que no podemos omitir: el éxito de los medios alternativos de solución de controversias depende de una atmósfera intelectual que los haga propicios e incluso que los fomente, anteponiendo su aplicación a cualesquiera soluciones administrativas o jurisdiccionales. En la creación y fortalecimiento de dicha atmósfera intelectual, proclive al acuerdo y que huya siempre que sea posible de esos esquemas formales, lentos y a veces ineficaces que son los procesos judiciales, tienen un papel fundamental las abogadas y los abogados.

Las personas a las que asesoramos confían en nosotros. Si les sugerimos llegar a acuerdos a través de los medios alternativos, en buena medida nos harán caso. Si les decimos que lo que más les conviene es meterse en largos pleitos judiciales, también es probable que nos hagan caso. Depende, por tanto, de nosotros.

Ojalá la Ley General tenga el efecto de hacer sonar una alarma para la profesión jurídica. Ojalá sirva para recordar algo muy elemental como lo es la idea de que la abogacía debe orientar todo el esfuerzo de su trabajo hacia la solución pronta y expedita de los conflictos, en vez de permitir e incluso incentivar su prolongación temporal hasta límites insostenibles. Ojalá que ninguno de nosotros lo olvide.

LEY GENERAL DE MECANISMOS ALTERNATIVOS DE SOLUCIÓN DE CONTROVERSIAS

Publicada en el Diario Oficial de la Federación el 26 de enero de 2024.

Capítulo I
Naturaleza y Objeto

Artículo 1. La presente Ley es de orden público, interés social y observancia general en todo el territorio nacional. Tiene por objeto establecer las bases, principios generales y distribución de competencias en materia de mecanismos alternativos de solución de controversias, de conformidad con lo dispuesto en los artículos 17 y 73 fracción XXIX-A, de la Constitución Política de los Estados Unidos Mexicanos.

En todo lo no previsto por esta Ley, será aplicable el Código Nacional de Procedimientos Civiles y Familiares.

Artículo 2. Los mecanismos alternativos de solución de controversias que prevé esta Ley son aplicables por conducto de personas facilitadoras en el ámbito público o privado, así como personas abogadas colaborativas, certificadas para dichos efectos por los Poderes Judiciales Federal o de las entidades federativas, así como en los Tribunales de Justicia Administrativa federal y locales, en sus respectivos ámbitos de competencia.

Artículo 3. Los mecanismos alternativos de solución de controversias, previstos en esta Ley, así como en las leyes locales o federales que correspondan, podrán tramitarse mediante el uso de tecnologías de la información y comunicación o sistemas en línea, conforme a lo establecido en la presente Ley.

Artículo 4. Son mecanismos alternativos de solución de controversias, de manera enunciativa y no limitativa, los siguientes:

I. Negociación. Es el proceso por virtud del cual las partes, por sí mismas con o sin intermediarios, plantean soluciones a través del diálogo, con el fin de resolver una controversia o conflicto;

II. Negociación Colaborativa. Es el proceso por el cual las partes buscan la solución pacífica y equitativa de su conflicto, con la asesoría de personas abogadas colaborativas, a través del diálogo y si fuera necesario, el apoyo de terceros;

III. Mediación. Procedimiento voluntario mediante el cual las partes acuerdan resolver una controversia o conflicto en forma parcial o total, de manera pacífica, o prevenir uno futuro, con la asistencia de una persona tercera imparcial denominada persona facilitadora. Se entenderá que existe Comediación cuando participen dos o más personas facilitadoras;

IV. Conciliación. Procedimiento voluntario por el cual las partes involucradas en una controversia o conflicto acuerdan resolver en forma parcial o total, de manera pacífica, o prevenir uno futuro, con la asistencia y participación activa de una persona facilitadora, y

V. Arbitraje. Proceso de solución de controversias o conflictos distinto a la jurisdicción estatal, mediante el cual las partes deciden voluntariamente, a través de un acuerdo o cláusula arbitral, someter todas o ciertas diferencias que hayan surgido o puedan surgir entre ellas, respecto de una determinada relación jurídica, con la participación de una persona tercera llamada árbitro quien dicta un laudo conforme a las normas establecidas en el Código de Comercio, el Código Nacional de Procedimientos Civiles y Familiares, y los Tratados Internacionales de los que el Estado mexicano sea parte, según proceda.

Artículo 5. Para efectos de esta Ley, se entenderá por:

I. Acciones preventivas. Son obligaciones de dar, hacer o no hacer, solicitadas por algunas de las partes y acordadas conjuntamente ante la persona facilitadora o persona abogada colaborativa, desde el inicio del procedimiento hasta la eventual celebración del convenio;

II. Centro Público de Mecanismos Alternativos de Solución de Controversias. Los órganos del Poder Judicial de la Federación o de los Poderes Judiciales de las entidades federativas, facultados para el ejercicio de los mecanismos alternativos de solución de controversias, de conformidad con lo dispuesto en esta Ley y demás que resulten aplicables en sus respectivos ámbitos de competencia;

III. Centro Público de Mecanismos Alternativos de Solución de Controversias en materia de Justicia Administrativa. Los órganos especializados de los Tribunales de Justicia Administrativa federal y locales, facultados para el ejercicio de los mecanismos alternativos de solución de controversias, de conformidad con lo dispuesto en esta Ley y demás que resulten aplicables en sus respectivos ámbitos de competencia;

IV. Centro Privado de Mecanismos Alternativos de Solución de Controversias. La sede para la atención de los mecanismos alternativos de solución de controversias, a cargo de personas facilitadoras privadas, de conformidad con lo dispuesto en esta Ley y demás que resulten aplicables en sus respectivos ámbitos de competencia;

V. Certificación. Documento mediante el cual se hace constar la autorización de las personas facilitadoras públicas o privadas, así como de las personas abogadas colaborativas, para su intervención en los mecanismos alternativos de solución de controversias, otorgada por los Poderes Judiciales Federal o de las entidades federativas; así como en los Tribunales de Justicia Administrativa federal y locales;

VI. Consejo. Consejo Nacional de Mecanismos Alternativos de Solución de Controversias;

VII. Consejo de Justicia Administrativa. Consejo Nacional de Mecanismos Alternativos de Solución de Controversias en materia de Justicia Administrativa, de conformidad con lo dispuesto en el Capítulo VIII de esta Ley;

VIII. Consentimiento informado. Es el acuerdo en el que se plasma la manifestación de la voluntad de las partes respecto de su participación en los mecanismos alternativos de solución de controversias;

IX. Convenio. Documento físico o electrónico en el que se hacen constar los acuerdos de las partes en los mecanismos alternativos de solución de controversias que ponen fin parcial o totalmente a las mismas o previenen las futuras;

X. Ley. Ley General de Mecanismos Alternativos de Solución de Controversias;

XI. Mecanismos Alternativos de Solución de Controversias. Procedimientos no jurisdiccionales cuyo objeto consiste en propiciar la avenencia entre las partes de manera voluntaria, pacífica y benéfica para ambas, a través de concesiones recíprocas, en una controversia o conflicto presente o futura;

XII. Partes. Personas físicas o morales que, voluntariamente y de manera individual o colectiva, deciden prevenir o resolver una controversia o conflicto, a través de alguno de los mecanismos alternativos de solución de controversias previstos en esta Ley y demás que resulten aplicables en los respectivos ámbitos de competencia;

XIII. Persona Abogada Colaborativa. Es aquella persona que cuenta con la patente para ejercer la profesión de derecho o abogacía, certificada en términos de esta Ley, que participa en conjunto con las partes mediante un proceso de negociación colaborativa con el fin de encontrar soluciones beneficiosas para las mismas;

XIV. Persona Facilitadora. La persona física certificada, para el ejercicio público o privado, cuya función es propiciar la comunicación y avenencia para la solución de controversias entre las partes a través de los mecanismos alternativos de solución de controversias, previstos en esta Ley y demás que resulten aplicables;

XV. Procesos de Justicia Restaurativa. Conjunto de sesiones, encuentros e intervenciones metodológicas, multidisciplinarias y especializadas enfocadas en gestionar el conflicto mediante el reconocimiento de su existencia y los daños que se generaron, así como la identificación de las necesidades de las partes, su momento de vida y sus mutuas responsabilidades, con la finalidad de adoptar y acordar el despliegue de conductas enfocadas en reparar los daños existentes y prevenir los futuros, bajo la expectativa de no repetición;

XVI. Procesos de Justicia Terapéutica. Herramientas metodológicas e interdisciplinarias aplicadas en el abordaje y resolución de conflictos, mediante el acompañamiento, guía e interacción de agentes terapéuticos con las personas involucradas en el conflicto, ello con la finalidad de fomentar el bienestar físico, psicológico y emocional de las personas interesadas en la solución del conflicto;

XVII. Registro de Personas Facilitadoras. Resguardo electrónico de datos respecto del otorgamiento o modificación de la certificación de las personas facilitadoras públicas y privadas, así como de las personas abogadas colaborativas, a cargo de la instancia que determinen los Poderes Judiciales Federal o de las entidades federativas;

XVIII. Plataforma Nacional de Personas Facilitadoras. Resguardo electrónico a cargo del Consejo de la Judicatura Federal, que contiene los datos e información respecto del otorgamiento de certificación de las personas facilitadoras públicas y privadas en todo el territorio nacional, así como de las personas abogadas colaborativas;

XIX. Sistemas en línea. Dispositivos electrónicos, programas informáticos, aplicaciones, herramientas tecnológicas, plataformas, protocolos, sistemas de justicia descentralizada, sistemas automatizados y demás tecnologías de la información y comunicación, utilizados para llevar a cabo la solución de controversias en línea;

XX. Sistema de Convenios. Resguardo electrónico del registro de los convenios, a cargo del Centro Público de Mecanismos Alternativos de Solución de Controversias, de los Poderes Judiciales Federal o de las entidades federativas;

XXI. Sistema Nacional de Información de Convenios. Resguardo electrónico de la información contenida en el Sistema de Convenios de los Poderes Judiciales Federal o de las entidades federativas, a cargo del Consejo de la Judicatura Federal;

XXII. Solución de Controversias en Línea. Procedimiento no jurisdiccional para llevar a cabo electrónicamente los mecanismos alternativos de solución de controversias enlistados en el artículo 4 de esta Ley; los que utilicen sistemas automatizados y sistemas de justicia descentralizada;

XXIII. Suscripción. Es la firma del convenio por las partes y la persona facilitadora, y

XXIV. Tribunales de Justicia Administrativa. El Tribunal Federal de Justicia Administrativa y los Tribunales de Justicia Administrativa de las entidades federativas.

Artículo 6. Son Principios rectores de esta Ley, los siguientes:

I. Acceso a la justicia alternativa. Garantía que tiene toda persona para el acceso efectivo a una justicia distinta a la jurisdiccional, de carácter confidencial, voluntaria, completa, neutral, independiente, flexible, igualitaria, legal, pronta y expedita a través de los mecanismos alternos a los procesos jurisdiccionales para la solución de controversias;

II. Autonomía de la voluntad. La libertad que detentan las partes para autorregular sus intereses y relaciones personales y jurídicas dentro del ámbito permitido por la ley sin que medie coacción o imposición externa durante su participación en los mecanismos alternativos de solución de controversias;

III. Buena fe. Implica que las partes, en un procedimiento de mecanismos alternativos de solución de controversias, participen con probidad y honradez, libre de vicios, dolo o defectos y sin intención de engañar;

IV. Confidencialidad. La información aportada, compartida o expuesta por las partes y que es de conocimiento de las personas facilitadoras, abogadas colaborativas y terceros que participen en los mecanismos alternativos de solución de controversias, no podrá ser divulgada, de conformidad con lo dispuesto en esta Ley y la legislación en materia de protección de datos personales. Se exceptúa de este principio, la información que revele un delito que se esté cometiendo o cuya consumación sea inminente;

V. Equidad. Las personas facilitadoras propiciarán la igualdad y equilibrio entre las partes que intervienen en el procedimiento a fin de que los acuerdos alcanzados respeten derechos humanos, sean leales, proporcionales y equitativos;

VI. Flexibilidad. Los mecanismos alternativos de solución de controversias se desarrollarán sin formalidades y trámites rígidos o excesivos para las partes;

VII. Gratuidad. La tramitación de los mecanismos alternativos de solución de controversias en el ámbito público y los que se realicen por los Tribunales de Justicia Administrativa, Órganos Constitucionales Autónomos, la Administración Pública Centralizada o Descentralizada, en sus respectivos niveles de gobierno y ámbitos de competencia, deberán ser gratuitos, a fin de garantizar el acceso a la justicia alternativa efectiva;

VIII. Honestidad. Las partes, personas facilitadoras, abogadas colaborativas y terceros deberán conducir su participación durante el mecanismo alternativo de solución de controversia con apego a la verdad y profesionalismo;

IX. Imparcialidad. Las personas facilitadoras o las abogadas colaborativas que conduzcan los mecanismos alternativos de solución de controversias deberán mantenerse libres de favoritismos, o preferencias personales, que impliquen la concesión de ventajas indebidas a alguna de las partes;

X. Interés superior de niñas, niños y adolescentes. Criterio de interpretación que implica que el ejercicio pleno de sus derechos debe ser considerado como rector en los procedimientos de mecanismos alternativos de solución de controversias;

XI. Legalidad. Los mecanismos alternativos de solución de controversias tendrán como límite la Ley, el irrestricto respeto a los derechos humanos, orden público y la voluntad de las partes;

XII. Neutralidad. Las personas facilitadoras deberán tratar los asuntos con objetividad y evitar juicios de valor, opiniones o prejuicios que puedan influir en la toma de decisiones de las partes;

XIII. Voluntariedad. La participación de las partes en los mecanismos alternativos de solución de controversias se realiza por decisión propia y libre, y

XIV. Los demás establecidos en la Constitución Política de los Estados Unidos Mexicanos y los Tratados Internacionales de los que el Estado mexicano sea parte.

Artículo 7. Las Dependencias Públicas, Órganos y Organismos de los tres órdenes de gobierno, Poderes Públicos, las Empresas Productivas del Estado y Órganos Constitucionales Autónomos, podrán concurrir como partes a los Centros Públicos de Mecanismos Alternativos de Solución de Controversias a través de las personas titulares de las dependencias o instituciones públicas que correspondan, quienes podrán ser representados o sustituidos, en términos de las disposiciones legales y reglamentarias aplicables o por conducto de los titulares de las oficinas jurídicas respectivas.

El mecanismo alternativo de solución de controversias será admisible siempre que no resulte contrario al orden jurídico o interés público, ni verse sobre derechos indisponibles.

Artículo 8. Los mecanismos alternativos de solución de controversias que se lleven a cabo por las Dependencias, Órganos y Organismos de los tres órdenes de gobierno, Órganos Constitucionales Autónomos, así como con las Empresas Productivas del Estado, tendrán el alcance y efectos jurídicos previstos por esta Ley, las leyes federales o locales que resulten aplicables.

Capítulo II
De la Competencia

Sección Primera
Del Consejo Nacional de Mecanismos Alternativos de Solución de Controversias

Artículo 9. El Consejo, es el máximo órgano colegiado, honorífico, rector en materia de políticas públicas respecto de los mecanismos alternativos de solución de controversias.

Artículo 10. El Consejo, se integra con las personas titulares de los Centros Públicos de Mecanismos Alternativos de Solución de Controversias de la Federación y de las entidades federativas, quienes podrán designar en su ausencia un representante para concurrir a las sesiones con voz y voto.

Artículo 11. La Presidencia del Consejo durará en el encargo tres años y será designada por el voto secreto de las dos terceras partes de sus integrantes. La persona que ocupe la Presidencia podrá reelegirse hasta por un periodo igual.

Artículo 12. La persona que presida el Consejo, por iniciativa propia o a propuesta de alguna de las personas integrantes del mismo, podrá invitar a las sesiones de Consejo con voz, pero sin voto, a representantes de instituciones académicas, personas facilitadoras privadas y profesionales especialistas en la materia. Para tal efecto, el Consejo convocará a organizaciones de la sociedad civil, cámaras empresariales, barras y asociaciones de profesionistas, de conformidad con los Lineamientos que para tal efecto expida.

Artículo 13. El Consejo deberá sesionar en forma ordinaria al menos cuatro veces al año, con un quórum mínimo de la mitad más uno de sus integrantes, mismas que deberán ser convocadas por su Presidente y publicadas en los medios oficiales que para tal efecto disponga su reglamento interno.

Artículo 14. Las sesiones extraordinarias deberán ser convocadas con al menos setenta y dos horas de antelación, a través de la Secretaría Técnica, de conformidad con los Lineamientos que al efecto expida el Consejo de acuerdo a lo siguiente:

I. Por la Presidencia, o

II. Por al menos un tercio de sus integrantes.

Artículo 15. El Consejo tomará sus decisiones por la mayoría simple de sus integrantes presentes.

Artículo 16. El Consejo contará con una Secretaría Técnica, que será designada por su Presidencia de entre el personal que integra los Centros Públicos de Mecanismos Alternativos de Solución de Controversias y aprobado por la mayoría simple de los integrantes del mismo.

Artículo 17. La persona que ocupe la Secretaría Técnica durará en el encargo tres años y podrá ser ratificada o revocado su nombramiento en cualquier tiempo, en los mismos términos de su designación.

Por este encargo no recibirá remuneración alguna, pero podrá auxiliarse de otras personas de su mismo Centro Público.

Artículo 18. Corresponde al Consejo, en el ámbito de sus facultades, lo siguiente:

I. Expedir los Lineamientos de capacitación, evaluación, certificación, renovación, suspensión y revocación de personas facilitadoras;

II. Expedir los Lineamientos de creación de la Plataforma Nacional de Personas Facilitadoras, que deberá contener la información de todas las personas que ejerzan en el territorio nacional, así como su actualización y publicación en el sitio web oficial, que estará a cargo del Consejo de la Judicatura Federal para su consulta pública;

III. Expedir los Lineamientos de creación, actualización y mantenimiento de los Sistemas de Convenios, que se suscriban en todo el territorio nacional y que estarán a cargo de los Consejos de la Judicatura Federal y locales, en sus respectivos ámbitos competenciales;

IV. Expedir los Lineamientos y Bases para la participación de las personas profesionistas, académicas y especialistas a las que se refiere el artículo 12 de la presente Ley;

V. Aprobar los Lineamientos para la celebración de convenios de Colaboración con Instituciones públicas y privadas, nacionales o extranjeras para la impartición de cursos de capacitación y programas académicos orientados a la obtención de certificación de personas facilitadoras públicas y privadas;

VI. Elaborar y aprobar su reglamento interno, y

VII. Las demás que resulten necesarias para el cumplimiento de esta Ley.

Artículo 19. De conformidad con los Lineamientos que al efecto expida el Consejo, corresponde a los Poderes Judiciales Federal o de las entidades federativas, en sus respectivos ámbitos de competencia lo siguiente:

I. Otorgar, negar, revocar, suspender, o renovar la certificación a las personas facilitadoras en el ámbito público y privado;

II. Designar a las personas facilitadoras y Titulares de los Centros Públicos de Mecanismos Alternativos de Solución de Controversias;

III. Designar a las personas responsables del Registro de Personas Facilitadoras y del Sistema de Convenios, en el ámbito federal o local, según corresponda;

IV. Disponer la creación y actualización del Registro de Personas Facilitadoras en el ámbito federal o local, según corresponda;

V. Supervisar el desempeño de las personas que ejercen los mecanismos alternativos de solución de controversias en el ámbito público y privado;

VI. Impulsar, fomentar y difundir el uso de los mecanismos alternativos de solución de controversias como un derecho fundamental reconocido por la Constitución Política de los Estados Unidos Mexicanos para garantizar el acceso efectivo a la justicia, y generar una cultura de paz;

VII. Evaluar y supervisar el desempeño de los Centros Públicos y Privados de Mecanismos Alternativos de Solución de Controversias;

VIII. Expedir los Lineamientos de Operación de los Centros Públicos y Privados de Mecanismos Alternativos de Solución de Controversias, y

IX. Imponer las sanciones que corresponda por infracciones a lo dispuesto en esta Ley.

Las atribuciones correspondientes a los Poderes Judiciales Federal y locales, en materia de mecanismos alternativos de solución de controversias, se ejercerán de conformidad con lo dispuesto en sus respectivas Leyes Orgánicas.

Artículo 20. Las Dependencias Públicas, Órganos y Organismos de los tres poderes públicos y órdenes de gobierno, las Empresas Productivas del Estado, así como los Órganos Constitucionales Autónomos, podrán solicitar al Poder Judicial Federal o de las entidades federativas, según corresponda, programas de capacitación en materia de mecanismos alternativos de solución de controversias.

Artículo 21. La capacitación de las personas que aspiren a obtener la certificación como facilitadoras públicas o privadas, en ningún caso podrá ser menor a ciento veinte horas, de conformidad con los Lineamientos que para tal efecto emita el Consejo.

En caso de que la persona facilitadora pretenda implementar, dirigir o participar en procesos de Justicia Restaurativa, además de la capacitación señalada en el párrafo que antecede, deberá contar con sesenta horas más de capacitación especializada en Procesos Restaurativos.

Sección Segunda
De los Centros de Mecanismos Alternativos de Solución de Controversias

Artículo 22. Los Centros de Mecanismos Alternativos de Solución de Controversias, como órganos auxiliares de los Poderes Judiciales Federal o de las entidades federativas, en sus respectivos ámbitos de competencia, podrán ser Públicos o Privados. Los Centros Públicos, contarán con independencia técnica, operativa y de gestión.

Artículo 23. Los Centros Públicos de Mecanismos Alternativos de Solución de Controversias, contarán con una persona Titular, el número de personas facilitadoras, personal técnico y administrativo necesario para el cumplimiento de lo dispuesto en esta Ley.

Artículo 24. Corresponde a los Centros de Mecanismos Alternativos de Solución de Controversias Públicos o Privados, en el ámbito de sus competencias, lo siguiente:

I. Contar con la infraestructura y requerimientos tecnológicos necesarios para el trámite y prestación de los servicios de mecanismos alternativos de solución de controversias, de manera presencial o en línea, que les sean solicitados por las partes, privilegiando el acceso y comunicación a personas que pertenezcan a grupos de atención prioritaria;

II. Proporcionar la información accesible al público, respecto del trámite y ejercicio de los mecanismos alternativos de solución de controversias;

III. Garantizar la accesibilidad y asequibilidad a los mecanismos alternativos de solución de controversias;

IV. Integrar y poner a disposición del público el Directorio actualizado de personas facilitadoras en el ámbito público y privado de la demarcación;

V. Promover, impulsar, fomentar y difundir el uso de los mecanismos alternativos de solución de controversias;

VI. Coadyuvar en la implementación de programas, acciones y tareas en el ámbito de sus respectivas competencias en la materia;

VII. Actualizar y suministrar la información del Registro de Personas Facilitadoras correlativa a las personas facilitadoras de los Centros Públicos del ámbito federal o local, según corresponda;

VIII. Prestar asistencia técnica y consultiva a organismos públicos y privados, para el diseño y elaboración de políticas públicas y programas que contribuyan al mejoramiento del sistema de administración de justicia a través de los mecanismos alternativos de solución de controversias;

IX. Remitir al Sistema Nacional de Información de Convenios, la información correlativa a los convenios para efectos estadísticos contenida en el Sistema de Convenios del ámbito federal o local, según corresponda, y

X. Las demás que les atribuyan las leyes, según corresponda.

Artículo 25. Las personas facilitadoras en el ámbito privado deberán remitir los convenios que de conformidad con lo dispuesto en esta Ley suscriban, al Sistema de Convenios del ámbito federal o local, según corresponda, a fin de obtener la clave o número de registro del mismo, para alcanzar todos sus efectos jurídicos.

Artículo 26. Los Centros Públicos de Mecanismos Alternativos de Solución de Controversias, deberán mantener actualizada la información respecto del ejercicio de sus funciones y remitir al Sistema Nacional de Información de Convenios, la información correlativa a los convenios y a la Plataforma Nacional de Personas Facilitadoras la información que corresponda, de conformidad con los Lineamientos que al efecto emita el Consejo.

Sección Tercera
De las Personas Titulares de los Centros Públicos

Artículo 27. Para ser Titular de un Centro Público de Mecanismos Alternativos de Solución de Controversias, se requieren los mismos requisitos previstos para las personas facilitadoras, además de acreditar experiencia profesional de al menos cinco años en la materia y contar con Título y Cédula de Licenciatura en Derecho o en Abogacía.

Artículo 28. Las personas Titulares de los Centros Públicos de Mecanismos Alternativos de Solución de Controversias durarán en el encargo cinco años, con posibilidad de ratificación hasta por un periodo igual.

Artículo 29. Corresponde a la persona Titular del Centro Público de Mecanismos Alternativos de Solución de Controversias, al menos, lo siguiente:

I. Vigilar que el servicio otorgado por el Centro se apegue a los principios, fines y procedimientos establecidos en esta Ley, en pleno respeto y garantía de los derechos humanos;

II. Asumir la dirección técnica y administrativa del Centro Público de Mecanismos Alternativos de Solución de Controversias del que se trate;

III. Determinar que las solicitudes que se presentan en cada Centro resulten de la competencia del mismo y designar a la persona facilitadora que corresponda en turno;

IV. Supervisar el cumplimiento de las reglas de funcionamiento del Centro;

V. Supervisar que los Convenios celebrados por las personas facilitadoras no afecten derechos humanos;

VI. Realizar la asignación y control en forma equitativa y distributiva de las cargas de trabajo de las personas facilitadoras;

VII. Revisar el contenido de los convenios que le remitan las personas facilitadoras del ámbito privado para efectos de validación en los casos que así corresponda;

VIII. Recabar y remitir la información a la Plataforma Nacional de Personas Facilitadoras, para su debida actualización;

IX. Llevar a cabo la organización de las evaluaciones de personas facilitadoras, así como los actos necesarios para el procedimiento de certificación a cargo del Poder Judicial que corresponda, de conformidad con los Lineamientos que al efecto expida el Consejo;

X. Participar en la aplicación de exámenes, en los concursos de oposición para seleccionar a las personas facilitadoras en los términos de los Lineamientos que para dichos efectos emita el Consejo;

XI. Instrumentar políticas públicas, planes y programas de desarrollo, difusión y establecimiento de mecanismos de solución pacífica de controversias, en los contextos sociales que se requiera y sea necesario;

XII. Dar aviso a la Plataforma Nacional de Personas Facilitadoras, de las sanciones impuestas, para su inscripción en el mismo, y

XIII. Las demás atribuciones contempladas en las leyes locales y federales para el cumplimiento de los objetivos de esta Ley.

Capítulo III
De las Personas Facilitadoras y su Certificación

Sección Primera
Disposiciones Generales

Artículo 30. Corresponde a las personas facilitadoras, los siguientes deberes y obligaciones:

I. Determinar si el asunto que le corresponde conocer es susceptible de ser resuelto a través de la aplicación de los mecanismos alternativos de solución de controversias, de conformidad con esta Ley y demás disposiciones jurídicas aplicables al conflicto;

II. Conducir el mecanismo alternativo de solución de controversias conforme los principios y disposiciones de esta Ley y las demás disposiciones que expida el Consejo Nacional y a través de acuerdos generales los Consejos de la Judicatura Federal y locales;

III. Verificar la identidad y personalidad de las partes y terceros relacionados;

IV. Cumplir con los principios establecidos en esta Ley, en todos los asuntos que participen;

V. Verificar que los convenios reúnen los requisitos de existencia y validez;

VI. Remitir los convenios al Centro Público de Mecanismos Alternativos de Solución de Controversias para su registro y en su caso, validación;

VII. Vigilar que en los trámites y durante todas las etapas de los procesos de mecanismos alternativos de solución de controversias en los que intervengan, no se afecten derechos humanos, irrenunciables de las partes, de terceros y disposiciones de orden público;

VIII. Para efectos de renovar la certificación, deberán actualizarse en los términos de los Lineamientos que expida el Consejo;

IX. Informar a las partes, desde el inicio, la naturaleza y objeto del trámite de los mecanismos alternativos de solución de controversias, así como el alcance jurídico del convenio, explicando con claridad las consecuencias de su eventual incumplimiento;

X. Redactar los convenios a los que hayan llegado las partes a través de los mecanismos alternativos de solución de controversias. Cuando la persona facilitadora no se encuentre legalmente autorizada para ejercer la profesión de abogada o licenciada en derecho, podrán auxiliarse de una persona abogada con cédula profesional, para la elaboración y revisión de los efectos legales y registro del mismo;

XI. Verificar la disponibilidad de los bienes y derechos que sean objeto de la suscripción del convenio, de acuerdo con lo que establezca la legislación correspondiente;

XII. Hacer del conocimiento de las autoridades competentes los hechos que las leyes señalen como delito, y

XIII. Las demás que expresamente señale la Ley.

Para el cumplimiento de sus funciones, en todos los casos, las personas facilitadoras deberán llevar a cabo los ajustes de procedimiento que se requieran, en términos de lo dispuesto por el Código Nacional de Procedimientos Civiles y Familiares.

Artículo 31. Si durante algún trámite o procedimiento regulado por esta Ley, participan personas adultas mayores, personas con discapacidad o personas pertenecientes a grupos en situación de vulnerabilidad, se deberán realizar ajustes razonables y de procedimiento, contar con formatos alternativos que garanticen equidad, accesibilidad estructural y de comunicación, a fin de facilitar el ejercicio de sus derechos y de su capacidad jurídica plena.

Las personas facilitadoras deberán garantizar, en todo momento, las acciones señaladas en el párrafo anterior, así como proporcionar los apoyos que sean necesarios e indispensables para una efectiva participación y accesibilidad en los procedimientos de mecanismos alternativos de solución de controversias, de conformidad con lo dispuesto en los artículos 1o., 2o. y 4o. de la Constitución Política de los Estados Unidos Mexicanos y en los Tratados Internacionales de los que el Estado mexicano sea parte.

Artículo 32. Las personas facilitadoras públicas y privadas, tendrán fe pública únicamente en los siguientes casos:

I. Para la celebración de los convenios que firmen las partes;

II. Para certificar las copias de los documentos que por disposición de esta Ley deban agregarse a los convenios con la finalidad de acreditar que el documento es fiel reproducción de su original, que se tuvo a la vista con el único efecto de ser integrado como anexo al propio convenio, y

III. Para expedir copias certificadas de los convenios y demás documentación que se encuentre resguardada en su archivo.

Artículo 33. Las personas facilitadoras podrán auxiliarse de otras personas facilitadoras certificadas en mecanismos alternativos de solución de controversias, atendiendo a las características de la controversia o conflicto.

Artículo 34. Para que la certificación expedida a una persona facilitadora en una entidad federativa surta efectos en otra diversa, deberá estar inscrita en el Registro de Personas Facilitadoras de los Poderes Judiciales que corresponda, de conformidad con la presente Ley y demás disposiciones aplicables. Para el caso de la certificación que expida el Poder Judicial de la Federación, se estará a lo dispuesto en los Lineamientos que para tal efecto emita el Consejo.

Artículo 35. Las personas facilitadoras incurren en responsabilidad civil por la deficiente o negligente elaboración, suscripción o registro del convenio, sin perjuicio de la responsabilidad administrativa o penal que corresponda, de conformidad con lo dispuesto por esta Ley y demás disposiciones que resulten aplicables.

Artículo 36. Las personas facilitadoras deberán abstenerse de patrocinar, representar o asesorar a las partes en su conjunto o de manera individual, fuera de los mecanismos alternativos de solución de controversias previstos por esta Ley, durante y al menos el año previo o posterior a la celebración del convenio y su registro. Lo anterior con excepción de las Notarias y Notarios Públicos, Corredoras y Corredores Públicos que hubieren intervenido en la prestación de servicios de fe pública, en atención a los principios de imparcialidad y neutralidad.

El incumplimiento de esta disposición dará lugar a la revocación de la certificación.

Artículo 37. Las personas facilitadoras y demás terceras intervinientes, deberán mantener la confidencialidad de la información que involucre el trámite de los mecanismos alternativos de solución de controversias en los que participen.

Cualquier contravención será sancionada en los términos previstos en esta Ley y demás ordenamientos que resulten aplicables.

Sección Segunda
De la Certificación

Artículo 38. Corresponde al Poder Judicial Federal o de las entidades federativas en sus respectivos ámbitos competenciales, otorgar, negar, suspender, revocar o renovar la certificación de las personas facilitadoras y de las personas abogadas colaborativas, de conformidad con lo que establece esta Ley, las equivalentes en el ámbito local, los Lineamientos que expida al efecto el Consejo Nacional y los acuerdos generales que emitan los Consejos de la Judicatura Federal o locales.

Artículo 39. La Certificación otorgada por el Poder Judicial Federal o de las entidades federativas es personalísima, intransferible e indelegable, acredita a la persona facilitadora para intervenir en los mecanismos alternativos de solución de controversias en el ámbito público o privado de conformidad con lo dispuesto por esta Ley y demás disposiciones aplicables.

Artículo 40. Son requisitos para obtener la Certificación como persona facilitadora:

I. Contar con Título y Cédula profesional de estudios de licenciatura;

II. Contar con nacionalidad mexicana en pleno goce y ejercicio de sus derechos civiles y políticos;

III. No haber sido sentenciado por delito doloso;

IV. No ser declarada como persona deudora alimentaria morosa, ni estar inscrita en el Registro Nacional de Obligaciones Alimentarias, y

V. Aprobar las evaluaciones que al efecto determinen los Poderes Judiciales Federal o de las entidades federativas según corresponda.

Lo dispuesto en el presente Capítulo será aplicable a las personas abogadas colaborativas que participen en los mecanismos alternativos de solución de controversias.

Artículo 41. Tratándose de personas facilitadoras que pertenezcan a los pueblos y comunidades indígenas y afromexicanas, se estará a lo dispuesto por el artículo 2o. de la Constitución Política de los Estados Unidos Mexicanos, así como lo dispuesto por la legislación de la materia en las entidades federativas.

Artículo 42. Los Centros Públicos de Mecanismos Alternativos de Solución de Controversias deberán inscribir en el Registro de Personas Facilitadoras, en el ámbito federal o de las entidades federativas, las certificaciones autorizadas por el Poder Judicial correspondiente. El Registro otorgará el número de inscripción correspondiente.

Artículo 43. La vigencia de la Certificación tendrá una duración de cinco años sin perjuicio de la revisión periódica que establezca el Poder Judicial Federal o de las entidades federativas, de conformidad con los Lineamientos emitidos por el Consejo.

En caso de que haya concluido la vigencia de la Certificación expedida a una persona facilitadora y el Poder Judicial correspondiente no emita la convocatoria para la renovación o recertificación en los términos de esta Ley, la certificación continuará vigente hasta en tanto se lleven a cabo los actos y procedimientos dispuestos para tal fin.

Artículo 44. Las personas facilitadoras podrán en todos los casos desempeñarse para dichos efectos, en cualquier entidad federativa distinta a la que expidió la correspondiente Certificación, de conformidad con lo siguiente:

I. Contar con la Certificación vigente en los términos previstos en esta Ley y las de las entidades federativas o de la federación, según corresponda;

II. No estar inscrito en el Registro de Personas Facilitadoras, con una anotación de cancelación, revocación o suspensión de la Certificación para ejercer las funciones como persona facilitadora, acorde con lo dispuesto en esta Ley;

III. Inscribir su certificación de conformidad con lo dispuesto en el artículo 34 de la presente Ley;

IV. Contar con las instalaciones o medios electrónicos para la prestación del servicio de mecanismos alternativos de solución de controversias que permitan la observancia de los principios de esta Ley, y

V. Las demás disposiciones establecidas en la presente Ley.

Artículo 45. Los Poderes Judiciales Federal o de las entidades federativas podrán solicitar que la persona facilitadora privada que haya obtenido una certificación, presente una garantía al inicio de sus funciones.

El monto de la garantía será determinado por el Poder Judicial Federal o de las entidades federativas, en sus respectivos ámbitos de competencia y podrá otorgarse mediante billete de depósito, fianza, prenda, hipoteca o cualquier otra garantía legalmente constituida, designándose como beneficiario al Poder Judicial correspondiente.

Artículo 46. Las personas facilitadoras deberán excusarse o podrán ser recusadas para conocer de los asuntos, de conformidad con lo dispuesto en el artículo 104 del Código Nacional de Procedimientos Civiles y Familiares y demás disposiciones aplicables.

Sección Tercera
De la Suspensión y Revocación de la Certificación

Artículo 47. Son causas de suspensión de la certificación de las personas facilitadoras, al menos, las siguientes:

I. Ostentarse como persona facilitadora en alguno de los mecanismos alternativos de solución de controversias, de los que no forme parte;

II. Ejerza coacción o violencia en contra de alguna de las partes;

III. Se abstenga de hacer del conocimiento de las partes la improcedencia del mecanismo alternativo de solución de controversias de conformidad con esta Ley;

IV. Por realizar actuaciones de fe pública fuera de los casos previstos en esta Ley, y

V. Las demás que se determinen en la normatividad local y federal aplicable, según corresponda.

El término de la suspensión estará sujeto a las condiciones establecidas por la autoridad competente con base en esta Ley, las correspondientes de las entidades federativas, la Federación y los Lineamientos emitidos por el Consejo en el ámbito de su competencia.

Artículo 48. Procederá la revocación de la certificación, al menos, por las siguientes causas:

I. Haber incurrido en una falta grave, en los términos que fije la presente Ley;

II. Haber sido condenado mediante sentencia ejecutoriada por delito doloso que amerite pena privativa de la libertad;

III. Reincidir en la participación de algún procedimiento de mecanismos alternativos de solución de controversias, existiendo alguna causa de impedimento previstas en la presente Ley, sin haberse excusado;

IV. Por delegar o permitir a un tercero el uso de su certificación como persona facilitadora, y

V. Las demás señaladas en esta Ley, así como aquellas que se determinen en la normatividad local y federal aplicable, según corresponda.

Capítulo IV
De los Registros y la Plataforma Nacional

Sección Primera
Del Registro de Personas Facilitadoras

Artículo 49. El Poder Judicial de la Federación y los Poderes Judiciales de las entidades federativas contarán con un Registro de Personas Facilitadoras, de conformidad con lo dispuesto en sus Leyes Orgánicas y demás ordenamientos legales aplicables.

Artículo 50. Sólo las personas físicas podrán obtener la certificación, así como el Registro correspondiente, de conformidad con lo dispuesto por el artículo 40 de esta Ley.

Artículo 51. Corresponde a los Centros Públicos de Mecanismos Alternativos de Solución de Controversias, remitir al Registro de Personas Facilitadoras, en un plazo no mayor a quince días hábiles, contados a partir de la expedición de la Certificación, la información de las personas facilitadoras para su inscripción, según corresponda.

Asimismo, deberán remitir cualquier modificación al respecto, de conformidad con la legislación aplicable.

Sección Segunda
De la Cancelación de la Inscripción

Artículo 52. Procede la cancelación de la inscripción al Registro de Personas Facilitadoras:

I. A solicitud de la persona facilitadora;

II. Por resolución firme mediante la cual se revoque la Certificación;

III. Por la muerte de la persona facilitadora;

IV. Por vencimiento de la vigencia de la Certificación, salvo lo dispuesto en el artículo 43 de esta Ley, y

V. En caso de imposición de pena privativa de la libertad, hasta por el mismo plazo previsto en la resolución judicial.

Artículo 53. El Registro de Personas Facilitadoras, en el ámbito federal o de las entidades federativas, de conformidad con los Lineamientos, deberá dar aviso a la Plataforma Nacional de Personas Facilitadoras de las sanciones impuestas a las mismas.

Sección Tercera
De la Plataforma Nacional de Personas Facilitadoras

Artículo 54. La Plataforma Nacional de Personas Facilitadoras concentra la información correlativa, su diseño y actualización corresponde a la instancia que determine el Consejo de la Judicatura Federal y se integra con la información remitida por los Centros Públicos, correspondiente al Registro de Personas Facilitadoras en el ámbito federal o de las entidades federativas, de conformidad con los Lineamientos emitidos por el Consejo.

Artículo 55. La Plataforma Nacional de Personas Facilitadoras, deberá contener al menos lo siguiente:

I. Nombre;

II. Clave Única de Registro de Población;

III. Datos de contacto y localización;

IV. Clave o número de certificación;

V. Vigencia de la certificación;

VI. Deberá constar si se trata de persona facilitadora pública o privada;

VII. Descripción de sanciones en su caso, y

VIII. Los demás que determine el Consejo.

Artículo 56. Corresponde a los Centros Públicos en el ámbito federal o de las entidades federativas, remitir a la Plataforma Nacional de Personas Facilitadoras, en un plazo no mayor a quince días hábiles, contados a partir de la expedición de la certificación, la información de las personas facilitadoras para su inscripción, según corresponda.

Asimismo, deberán remitir cualquier modificación al respecto, de conformidad con la legislación aplicable.

Capítulo V
De las Partes

Artículo 57. Las partes tendrán al menos, los siguientes derechos:

I. Recibir la información necesaria con relación a los mecanismos alternativos de solución de controversias, sus alcances, efectos y consecuencias;

II. Solicitar al Titular del Centro respectivo, que la persona facilitadora sea sustituida, de conformidad con lo dispuesto en el artículo 46 de esta Ley;

III. Recibir un trato igualitario y respetuoso;

IV. Una o ambas partes podrán, previo a su validación, solicitar al Centro Público la revisión del convenio, a efecto de verificar que no se violen disposiciones de orden público o se trate de derechos indisponibles, se afecten derechos de terceros o derechos de niñas, niños y adolescentes o personas susceptibles de encontrarse en alguna situación de vulnerabilidad, y

V. Las demás previstas por esta Ley y demás disposiciones aplicables.

Artículo 58. En atención al principio de autonomía progresiva, las niñas, niños y adolescentes podrán emitir su opinión y que esta se tome en cuenta, e intervenir en los mecanismos alternativos de solución de controversias y en los procesos de Justicia Restaurativa, siempre que sea en su mejor interés, no implique la vulneración de sus derechos, que así sea su voluntad, que su intervención se lleve a cabo con el auxilio de una persona especializada en derechos de la niñez. Así mismo, podrán estar acompañadas de una persona de su confianza.

Artículo 59. Son deberes de las partes, los siguientes:

I. Acatar los principios y reglas que regulan los mecanismos alternativos de solución de controversias;

II. Conducirse con respeto y observar buen comportamiento durante las sesiones;

III. Cumplir con los convenios derivados de los mecanismos alternativos de solución de controversias en que participen;

IV. Asistir y participar en cada una de las sesiones;

V. Informar a la persona facilitadora o persona abogada colaborativa, sobre la existencia de un proceso jurisdiccional en trámite relacionado con la controversia o conflicto;

VI. Informar en las sesiones los hechos que modifiquen la materia de la controversia o conflicto, y

VII. Los demás previstos por esta Ley y disposiciones aplicables.

Artículo 60. Cuando alguna de las partes en el trámite de los mecanismos alternativos de solución de controversias, se identifique como integrante de los pueblos y comunidades indígenas y afromexicanas, se estará a sus usos y costumbres de conformidad con la libre autodeterminación y autonomía, dispuesta por el artículo 2o. de la Constitución Política de los Estados Unidos Mexicanos.

Capítulo VI
De la Tramitación de los Mecanismos Alternativos de Solución de Controversias

Sección Primera
Del Procedimiento

Artículo 61. Cualquier persona podrá solicitar la atención y acceso al trámite de los mecanismos alternativos de solución de controversias de manera verbal, escrita o en línea ante los Centros Públicos o Privados. En el caso de estos últimos, se estará a los honorarios que las personas facilitadoras privadas acuerden con ambas partes, sin que resulten excesivos o desproporcionales, ni se advierta en su cuantificación un daño o lesión. De las solicitudes de atención deberá quedar registro físico o electrónico.

Tratándose de controversias en materia de prestación de servicios de salud, será aplicable lo dispuesto en esta Ley.

Artículo 62. Para el caso de las personas morales, la solicitud del procedimiento podrá realizarse por medio de su representante o apoderado legal de conformidad con lo establecido por las leyes que resulten aplicables.

Artículo 63. La solicitud precisará los datos generales de la persona interesada, así como los nombres y datos de localización de las demás personas que serán convocadas a participar en los mecanismos alternativos de solución de controversias.

Artículo 64. La tramitación de los mecanismos alternativos de solución de controversias que no deriven de un procedimiento jurisdiccional, se realizará mediante las sesiones necesarias sin que en ningún caso pueda exceder el plazo de tres meses, salvo que por acuerdo de las partes involucradas se solicite la ampliación de dicho plazo.

Artículo 65. En los casos que la solicitud de trámite de mecanismos alternativos de solución de controversias emane de un procedimiento jurisdiccional ordinario o extraordinario, local o federal, las partes deberán ser informadas de la suspensión de los plazos procesales que involucra, de conformidad con la legislación adjetiva aplicable.

La autoridad jurisdiccional deberá informar a las partes la posibilidad y el derecho que tienen en cualquier momento, hasta antes del dictado de la sentencia o resolución que ponga fin al procedimiento, de acudir al Centro Público de Mecanismos Alternativos de Solución de Controversias para resolver su conflicto, mediante la celebración de un convenio.

Artículo 66. Recibida la solicitud, la persona facilitadora deberá examinar la controversia y determinar si es susceptible de ser tramitada a través de los mecanismos alternativos de solución de controversias.

En el supuesto de no ser susceptible de admisión a trámite, la persona facilitadora se lo comunicará a la persona solicitante al día siguiente hábil.

Artículo 67. Una vez iniciado el trámite de un mecanismo alternativo de solución de controversias derivado de un procedimiento jurisdiccional ordinario o extraordinario, federal o local, la persona facilitadora o persona abogada colaborativa, deberán dar aviso a la autoridad jurisdiccional de que se trate, dentro de los tres días hábiles siguientes, con el propósito de que se acuerde la suspensión del mismo, sin que obste a lo anterior, en caso de que algunas de las partes o persona tercera relacionada con el mecanismo alternativo pueda también dar aviso.

En caso de darse por concluido el procedimiento del mecanismo, la persona facilitadora o persona abogada colaborativa, estarán obligados al día hábil siguiente de su conclusión, de informar a la autoridad jurisdiccional, a efecto de que ésta emita la resolución que conforme a derecho corresponda.

Artículo 68. Una vez admitida la solicitud, dará inicio el trámite del mecanismo alternativo de solución de controversias que corresponda y se abrirá el expediente respectivo.

Artículo 69. La persona facilitadora a la que corresponda conocer del asunto en los Centros Públicos o Privados, invitará a las partes, dentro del plazo máximo de cinco días hábiles siguientes a la fecha de la apertura del expediente, a participar en el procedimiento de mecanismos alternativos de que se trate. La invitación podrá hacerse personalmente o por medios electrónicos.

Artículo 70. Una vez iniciado el mecanismo alternativo de solución de controversias, la persona facilitadora deberá poner a consideración de las partes la viabilidad de llevar a cabo acciones preventivas de dar, hacer o no hacer, hasta la eventual celebración de un convenio.

La falta de acuerdo de las partes para llevar a cabo las acciones preventivas, no impide el trámite del mecanismo.

Artículo 71. Las personas facilitadoras podrán llevar a cabo reuniones con las partes, conjunta o separadamente, cuando las características del asunto así lo requieran. En caso de que las reuniones se lleven a cabo en forma separada, las partes tendrán conocimiento de las mismas, más no de su contenido y ambas tendrán de así solicitarle, las mismas oportunidades de reunirse separadamente.

Artículo 72. La invitación deberá contener al menos lo siguiente:

I. Nombre de las partes y, en su caso, domicilio o dirección electrónica de la persona invitada;

II. Breve explicación de la naturaleza de los mecanismos alternativos de solución de controversias;

III. Día y lugar de celebración de la sesión;

IV. Nombre y firma de la persona facilitadora que la suscribe, y

V. Lugar y fecha de expedición.

Artículo 73. El expediente del asunto deberá contener datos mínimos de identificación del mismo, conforme a los Lineamientos que para dichos efectos emita el Consejo.

Artículo 74. Las sesiones deberán realizarse con la presencia de todas las partes, personalmente o por conducto de sus apoderados o representantes legales. Asimismo, podrán estar asistidas de las personas que tengan conocimientos especializados en la materia o peritos que las partes autoricen por acuerdo y a costa de quien lo solicita, en su caso.

Artículo 75. La asistencia técnica, jurídica o de cualquier especialidad, de la que se hagan acompañar las partes, deberá llevarse a cabo fuera de la sesión de los mecanismos alternativos de solución de controversias.

Artículo 76. Cualquiera de las partes o la persona facilitadora podrá solicitar un receso de la sesión, para efectos de consulta o asesoría.

En los casos de fuerza mayor y por acuerdo de las partes, la persona facilitadora podrá diferir la sesión hasta por dos ocasiones.

Artículo 77. Cuando las partes no celebren el convenio o se alcance parcialmente, se dejarán a salvo sus derechos para hacerlos valer en la vía y forma que estimen conveniente.

Artículo 78. Son causales de conclusión anticipada del mecanismo alternativo de solución de controversias, las siguientes:

I. Revelar las partes, información confidencial fuera del trámite del mecanismo;

II. Dejar de asistir las partes a dos sesiones consecutivas sin justa causa;

III. Manifestación de voluntad de alguna de las partes;

IV. Cuando la persona facilitadora constate que alguna de las partes mantiene argumentos que impidan continuar con el trámite del mecanismo;

V. Incurrir, cualquiera de las partes en un comportamiento irrespetuoso, agresivo o con intención notoriamente dilatoria;

VI. Por la muerte de alguna de las partes, y

VII. En los demás casos en que proceda dar por concluido el trámite del mecanismo de conformidad con esta Ley o las correspondientes del ámbito federal o local.

Artículo 79. Los mecanismos alternativos de solución de controversias procederán siempre y cuando se trate de derechos disponibles, renunciables, que no contravengan alguna disposición de orden público, ni afecten derechos de terceros, niñas, niños y adolescentes, de conformidad con las Leyes aplicables.

Artículo 80. La suspensión otorgada por la autoridad jurisdiccional durante el trámite de los mecanismos alternativos de solución de controversias no limita los efectos y vigencia de las medidas provisionales dictadas en el proceso jurisdiccional de origen.

Sección Segunda
De la Justicia Restaurativa y sus Procesos

Artículo 81. Las prácticas o procesos restaurativos tendrán por objeto atender las necesidades y responsabilidades individuales y colectivas de las partes involucradas en un conflicto, buscando lograr la integración de las mismas en su entorno de desarrollo bajo los principios de esta Ley, teniendo los siguientes objetivos:

I. Restaurar a la parte afectada en el ámbito emocional, material y social;

II. Procurar la integración de las partes en su entorno evitando futuros conflictos;

III. Ayudar a las partes a comprender el impacto de las decisiones tomadas frente al conflicto y adoptar la responsabilidad que les corresponda;

IV. Generar espacios seguros de integración social y comunitaria en ámbitos familiares, escolares, vecinales y demás escenarios de desarrollo de la persona;

V. Brindar a las partes la oportunidad de desarrollar un plan para tratar de atender las consecuencias del conflicto, y

VI. Auxiliar en la solución de conflictos en el ámbito escolar, procurando la reparación, reincorporación y restauración de las relaciones entre las partes afectadas, siempre actuando con personal especializado en perspectiva de infancia y adolescencia.

Artículo 82. Los procesos o prácticas restaurativas se podrán llevar a cabo a través de cualquier metodología que, a juicio de la persona facilitadora y especializada, produzca resultados restaurativos, entendiéndose como tales el reconocimiento de la responsabilidad, la reparación del daño, la restitución de derechos o el servicio a la comunidad, siempre bajo una expectativa de no repetición, ello encaminado a atender las necesidades y responsabilidades individuales y colectivas de las partes. Los Centros Públicos y Privados en el ámbito de sus respectivas competencias deberán ofrecer prácticas restaurativas. Los convenios logrados se regularán de conformidad con el Capítulo VII de la presente Ley.

Artículo 83. Las personas facilitadoras especializadas en Justicia Restaurativa podrán ofrecer procesos restaurativos a las partes en los mecanismos alternativos de solución de controversias.

En los procesos restaurativos se podrá contar con la participación de equipos multidisciplinarios, de acuerdo a las necesidades del conflicto.

Artículo 84. Para el ejercicio de los procesos restaurativos se podrá contar con la participación de especialistas en disciplinas diversas, bajo la coordinación en todos los casos de las personas facilitadoras encargadas de los mecanismos alternativos de solución de controversias que corresponda, con la finalidad de fomentar el bienestar psicológico y emocional de las partes involucradas en el conflicto.

Artículo 85. Los procesos de justicia restaurativa, a su vez pueden comprender la implementación de procesos de justicia terapéutica con la finalidad de abordar el conflicto de manera integral, con tendencia a la humanización de la justicia alternativa y para atender y prevenir los factores de riesgo que están perpetuando el conflicto y la vulneración de los derechos de los intervinientes en él.

Los Poderes Judiciales Federal o de las entidades federativas, en sus respectivos ámbitos de competencia y mediante acuerdos generales, regularán sus alcances y la metodología adecuada para acceder a estos procesos y a una atención integral, ello acorde a la materia del conflicto a tratar.

Sección Tercera
De la Solución de Controversias en Línea

Artículo 86. La Solución de Controversias en Línea se regirá por lo dispuesto en la presente Sección. Serán aplicables las definiciones previstas en esta Ley y en el Código Nacional de Procedimientos Civiles y Familiares.

Artículo 87. Para los efectos de la presente Sección, se entenderá por:

I. Colaboración abierta. Modelo en el que una persona física o moral, pública o privada solicita, a través de una convocatoria pública, la colaboración, aportes o servicios de un grupo diverso y amplio de personas, personalmente o a través de plataformas en línea;

II. Contrato inteligente. Código digital o informático que se ejecuta en la parte superior de una cadena de bloques que contiene un conjunto de reglas bajo las cuales las partes acuerdan interactuar entre sí. Si se cumplen las reglas predefinidas, el acuerdo se ejecuta automáticamente. Un contrato inteligente es capaz de facilitar, ejecutar y hacer cumplir la negociación o la ejecución de un contrato usando la tecnología de cadena de bloques;

III. Sistemas automatizados. Programas informáticos diseñados para realizar tareas que requieren de inteligencia artificial y que utilizan técnicas como aprendizaje automático, procesamiento de datos, procesamiento de lenguaje natural, algoritmos y redes neuronales artificiales, que para efectos de esta Ley se enfocan en la Solución de Controversias en Línea, y

IV. Sistemas de justicia descentralizada. Protocolo que se basa en la participación directa de la comunidad a través de esquemas de incentivos, colaboración abierta, votación descentralizada y elementos de automatización como contratos inteligentes y cadena de bloques, para la Solución de Controversias en Línea.

Artículo 88. En los procedimientos de Solución de Controversias en Línea, además de los principios previstos en esta Ley, serán aplicables los siguientes:

I. Pleno conocimiento. Las partes que utilicen Sistemas en Línea tienen el derecho de acceder y conocer toda la información disponible sobre su funcionamiento, mediante un lenguaje claro y sencillo, y

II. Transparencia algorítmica. Conjunto de medidas y prácticas para hacer que los algoritmos utilizados por los sistemas automatizados sean visibles, comprensibles y auditables, con el fin de conocer la lógica y las reglas con las que operan y cómo se aplicarán en la Solución de Controversias en Línea.

Artículo 89. Los mecanismos alternativos de solución de controversias podrán tramitarse en línea, para dichos efectos, las partes deberán acordarlo mediante cláusula compromisoria, acuerdo independiente, o ante la persona facilitadora.

Lo anterior, sin menoscabo de que las partes acuerden que la Solución de Controversias en Línea se lleve a cabo mediante Sistemas Automatizados o Sistemas de Justicia Descentralizada, de conformidad con las reglas pactadas y aplicables en cada caso.

Las partes deberán señalar específicamente la modalidad del Sistema en Línea que se llevará a cabo y una dirección electrónica para recibir comunicaciones relacionadas con dicho sistema.

Artículo 90. Para iniciar la Solución de Controversias en Línea deberá atenderse a lo pactado por las partes, a los protocolos y demás reglas, así como a lo previsto en esta Ley.

Artículo 91. Además de los derechos previstos en esta Ley para las partes, tendrán los siguientes:

I. Elegir de forma libre y voluntaria el uso de estos sistemas;

II. Conocer detalladamente la forma en que funcionan, de conformidad con los principios de pleno conocimiento y transparencia algorítmica;

III. Ser informados sobre las normas, reglamentos o lineamientos aplicables;

IV. Que sus datos personales e información sean tratados de forma segura y confidencial;

V. Recibir orientación y asistencia para usar correctamente los sistemas de solución de controversias en línea, y

VI. Conocer si se utilizarán de alguna forma sistemas automatizados o sistemas de justicia descentralizada.

Artículo 92. Además de las señaladas en esta Ley, son obligaciones de las personas facilitadoras, administradoras y proveedoras de Sistemas en Línea, en el ámbito de sus respectivas actividades, las siguientes:

I. Dar a conocer a las partes, de forma detallada los lineamientos y demás reglas de operación y funcionamiento de los Sistemas en Línea, así como los requerimientos técnicos que las partes deban cumplir para participar en los mismos;

II. Asistir y orientar a las partes en el uso de los Sistemas en Línea;

III. Contar con la infraestructura, capacitación y requerimientos técnicos necesarios para llevar a cabo los Sistemas en Línea;

IV. Garantizar la seguridad de la información de los Sistemas en Línea, así como de los datos personales y la información que se comunique a través de ellos;

V. Resguardar de forma segura y confidencial las bitácoras o registros de grabaciones y demás comunicaciones, y

VI. En caso de que no se garantice la comunicación debido a alguna falla en los sistemas de controversias en línea, se deberá de reagendar la sesión, sin que esto implique responsabilidad para las partes.

Artículo 93. Los Sistemas en Línea se podrán llevar a cabo:

I. Con intervención de personas facilitadoras, a través de sesiones virtuales y medios de comunicación sincrónica o asincrónica;

II. Con la intervención de sistemas automatizados o sistemas de justicia descentralizada, o

III. A través de sistemas híbridos.

Capítulo VII
Del Convenio

Sección Primera
De los Requisitos del Convenio

Artículo 94. El Convenio deberá contener al menos lo siguiente:

I. El lugar y fecha de su celebración;

II. El nombre, edad, nacionalidad, estado civil, profesión u oficio y domicilio de cada una de las partes. En caso de representante o apoderado legal, se hará constar la documentación con la que se haya acreditado dicho carácter;

III. El número de folio o identificador que corresponda;

IV. En el caso de personas morales, la documentación que acredite su legal existencia y representación;

V. Las cláusulas que contengan las obligaciones de dar, hacer o no hacer a que se sujetarán las partes, así como la forma, tiempo y lugar de cumplimiento;

VI. La fecha y firma autógrafa, electrónica avanzada o huella digital de cada una de las partes o de quien las representa. En caso de que una o más personas no sepan o no puedan firmar, sus huellas digitales sustituirán a las firmas y se acompañarán de copia simple o electrónica de la identificación oficial y el nombre de la persona o personas que hayan firmado a su ruego;

VII. En el caso de los convenios que versen sobre derechos de niñas, niños y adolescentes, además se deberá incorporar nombre y firma autógrafa o electrónica avanzada de la persona facultada por el Centro Público del que se trate para la validación del convenio, en términos de lo previsto en esta Ley;

VIII. Los efectos del incumplimiento y las formas de obtener su cumplimiento en vía jurisdiccional;

IX. Nombre, número de certificación y firma autógrafa o electrónica avanzada de la persona facilitadora y, en su caso, la firma y cédula profesional de la persona licenciada en derecho o abogada de conformidad con lo dispuesto en el artículo 95 de esta Ley, y

X. Los demás requisitos que establezcan la presente Ley, así como las leyes aplicables.

Artículo 95. Los convenios firmados ante persona facilitadora que no ejerza la profesión en derecho o abogacía, podrán estar acompañados de la firma de una persona licenciada en derecho o abogada con cédula profesional expedida por autoridad facultada para ello, a efecto de que haga constar la revisión técnico-jurídica del mismo.

De las nulidades, negligencias, faltas o defectos de procedencia en torno a derechos y obligaciones acordadas por las partes en el Convenio respectivo, responderá la persona facilitadora.

Lo anterior sin perjuicio de la revisión oficiosa que la autoridad competente realice ante el eventual incumplimiento o ejecución del Convenio respectivo.

Artículo 96. Concluido el mecanismo alternativo de solución de controversias, la persona facilitadora deberá dejar constancia electrónica o escrita del Convenio en el expediente de conformidad con las leyes de archivos que corresponda y expedirá en copia certificada un tanto para cada una de las partes.

Sección Segunda
De los Efectos del Convenio

Artículo 97. Los convenios firmados por las partes y suscritos por las personas facilitadoras privadas, en los que se involucren derechos de niñas, niños y adolescentes, derechos de terceros, derechos de personas víctimas de violencia o personas que se encuentran en situación de vulnerabilidad, deberán además ser presentados ante el Centro Público de Mecanismos Alternativos de Solución de Controversias, para su revisión y validación, en los términos de esta Ley y demás que resulten aplicables.

Para los efectos de la validación prevista en el párrafo anterior, la Persona Titular del Centro Público de Mecanismos Alternativos de Solución de Controversias, tendrá un plazo máximo de treinta días hábiles, contados a partir del día siguiente a su recepción para pronunciarse sobre la validación.

Artículo 98. Los convenios firmados por las partes y suscritos por la persona facilitadora, que cumplan con los principios establecidos en el artículo 6 y las obligaciones previstas en el artículo 30, a partir de su registro e inscripción en el Sistema de Convenios correspondiente, tendrán efectos de cosa juzgada, de conformidad con lo dispuesto en esta Ley y las demás disposiciones aplicables en los respectivos ámbitos de competencia.

Los convenios y los actos que deriven de ellos, deberán de cumplir con las obligaciones establecidas en la Ley Federal para la Prevención e Identificación de Operaciones con Recursos de Procedencia Ilícita.

Artículo 99. Sólo por la manifiesta voluntad de las partes, cuando en el Convenio se acuerde un acto que conforme a la Ley deba constar en escritura pública, los convenios podrán ser anotados en el Registro Público de la Propiedad y del Comercio o su equivalente, de conformidad con las leyes aplicables. Los efectos de la anotación estarán limitados y quedarán sujetos al otorgamiento del instrumento acordado por las partes en el Convenio. La persona facilitadora por sí misma, no podrá hacer, ni ordenar ningún tipo de anotación, salvo autorización expresa de las partes así señalada en el Convenio.

Tratándose de convenios donde se contemplen obligaciones de transmisión, constitución y modificación de derechos reales o garantías sobre inmuebles, se deberá cumplir para su validez, con los requisitos de forma que establezca la legislación federal, local y municipal.

Artículo 100. Una vez que las partes se den por satisfechas de las obligaciones de dar, hacer o no hacer pactadas en el Convenio, solicitarán a la persona facilitadora, que informe al Registro Público de la Propiedad y de Comercio o su equivalente, en los términos previstos por las leyes que resulten aplicables, la cancelación de las anotaciones que en su caso se hayan realizado. La anotación quedará cancelada con el otorgamiento de la escritura convenida o al cumplirse el plazo de caducidad de las inscripciones que señalen las leyes aplicables. Los derechos y costos de los trámites correspondientes correrán por cuenta de las partes.

La anotación preventiva de los convenios derivados de los mecanismos alternativos de solución de controversias estará sujeta a caducidad, la cual no podrá exceder de tres años.

Artículo 101. Únicamente los convenios que involucren la obligación de dar alimentos, siempre que la persona deudora alimentaria sea titular registral de un inmueble, podrán producir el cierre de registro, de conformidad con lo previsto por la legislación civil que corresponda.

En ningún otro caso operará el cierre de registro.

Si se solicita el cierre de registro en fraude de acreedores, estos podrán solicitar la revocación de la medida ante autoridad jurisdiccional.

Artículo 102. En materia familiar los convenios podrán ser modificados cuando cambien las circunstancias que dieron origen a su suscripción, especialmente en materia de alimentos, únicamente respecto de su monto, forma o cancelación; guarda y custodia, y régimen de visitas y convivencias.

Artículo 103. Si de la revisión a que se refieren los artículos 97 y 110 de esta Ley, se advierte que dicho Convenio no cumple con algún requisito de ley, se deberá prevenir a la persona facilitadora para que en el plazo máximo de diez días hábiles lo subsane.

Transcurrido dicho plazo sin que se dé cumplimiento a lo anterior y sin que medie causa justificada, se prevendrá directamente a las partes para que se subsane directamente ante el Centro en el que se originó el Convenio.

Artículo 104. En caso de no atenderse la prevención, se tendrá por no presentado el convenio, no se inscribirá en el Sistema de Convenios y en consecuencia no alcanzará el efecto de cosa juzgada.

Artículo 105. Una vez firmado el Convenio por las partes y suscrito por la persona facilitadora pública o privada, ésta deberá remitirlo, en un plazo máximo de diez días hábiles al Sistema de Convenios, para su inscripción.

Artículo 106. El Sistema de Convenios que corresponda, contará con un plazo máximo de treinta días hábiles para inscribir y otorgar el número de registro al Convenio del que se trate. En caso contrario, el Convenio se tendrá por inscrito.

Artículo 107. Los convenios registrados en una entidad federativa, serán ejecutables en cualquiera otra, cuando se acredite que cumplen con los requisitos de fondo y forma establecidos en las disposiciones legales aplicables para tal efecto.

Sección Tercera
Del Sistema de Convenios

Artículo 108. El Centro Público de los Poderes Judiciales Federal o de las entidades federativas contará con un Sistema de Convenios, el cual contendrá la información relativa y los convenios que al efecto se hayan suscrito por las personas facilitadoras públicas y privadas.

Artículo 109. El Sistema de Convenios, deberá prever el registro electrónico del Convenio y el estado que guarda su última actuación de conformidad con lo dispuesto por las leyes de transparencia y protección de datos personales.

Artículo 110. La inscripción del Convenio en el Sistema de Convenios será efectiva una vez revisados por el Centro Público los requisitos de forma, o bien los de fondo en los casos expresamente señalados en la presente Ley.

Artículo 111. En los casos en que transcurrido el plazo máximo de treinta días hábiles, los convenios no fueren inscritos en el Sistema de Convenios o devueltos para las rectificaciones que corresponda, la persona facilitadora podrá solicitar su inscripción directa.

Ante dicha omisión, se procederá de conformidad con la Ley General de Responsabilidades Administrativas y demás que resulten aplicables.

Artículo 112. La información que conste en los Sistemas de Convenios, en el Sistema Nacional de Información de Convenios, en los Registros de Personas Facilitadoras, así como en la Plataforma Nacional de Personas Facilitadoras, será tratada de conformidad con lo dispuesto en las leyes en materia de transparencia y protección de datos personales.

Sección Cuarta
Del Sistema Nacional de Información de Convenios

Artículo 113. El Sistema Nacional de Información de Convenios, se encontrará disponible para su consulta a través de la página oficial del Consejo de la Judicatura Federal, de conformidad con lo dispuesto por las leyes en materia de transparencia y protección de datos personales.

Artículo 114. El Sistema Nacional de Información de Convenios deberá contener, al menos, la siguiente información:

I. Número de registro;

II. Nombre y número de certificación de la persona facilitadora;

III. Entidad federativa en la que se celebró;

IV. Materia, y

V. El estado que guarda la última actuación en el convenio.

Capítulo VIII
De los Centros de Mecanismos Alternativos de Solución de Controversias en el ámbito administrativo

Sección Primera
De los Mecanismos Alternativos de Solución de Controversias en el ámbito administrativo

Artículo 115. Los mecanismos alternativos de solución de controversias a que se refiere este Capítulo son aplicables:

I. En sede administrativa, conforme a esta Ley y las leyes de la materia, o ante el Centro Público de Mecanismos Alternativos de Solución de Controversias en materia de Justicia Administrativa, antes o durante la tramitación de los procedimientos administrativos, que se encuentren pendientes de solución, y

II. Durante la sustanciación de los procedimientos en materia de justicia administrativa, o en ejecución de sentencias, con las condiciones y límites que establece esta Ley y demás disposiciones aplicables.

En todos los casos se determinará la procedencia de la aplicación de los mecanismos alternativos de solución de controversias considerando:

a) Que la materia del conflicto o controversia sea susceptible de transacción, y

b) Que la autoridad administrativa haya autorizado, mediante Dictamen Técnico Jurídico, la viabilidad de la participación del organismo administrativo o del órgano.

Para los efectos de esta Ley, se entiende por dictamen técnico-jurídico al documento debidamente fundado y motivado que contiene el análisis jurídico, sobre responsabilidades de servidores públicos y de viabilidad presupuestaria que determina la procedencia sobre la participación de un organismo en un mecanismo alternativo de solución de controversias.

En ningún caso será aplicable el arbitraje en materia de justicia administrativa.

Artículo 116. Las personas físicas o morales, los organismos integrantes de la Administración Pública Federal y de las entidades federativas, centralizada y paraestatal, así como los Organismos Constitucionales Autónomos podrán acudir a la aplicación de los mecanismos alternativos de solución de controversias, en los términos del artículo 17 de la Constitución Política de los Estados Unidos Mexicanos y las disposiciones de esta Ley, así como de las leyes federales o locales en cuanto no se opongan a las primeras.

Además de los Principios previstos en esta Ley, a los mecanismos alternativos de solución de controversias en materia administrativa le rigen los siguientes:

I. Confidencialidad. Toda la información proporcionada durante la tramitación de los mecanismos alternativos de solución de controversias deberá conservar el carácter de confidencial y no podrá ser utilizada para motivar actos administrativos distintos del que les dio origen;

II. Eficiencia y eficacia. La tramitación de los mecanismos alternativos de solución de controversias deberá estar orientada a lograr la máxima satisfacción de las necesidades de las partes, así como del interés público, en consideración a las finalidades planteadas por el Plan Nacional de Desarrollo y las metas respectivas;

III. Neutralidad. Las personas facilitadoras que conduzcan los procedimientos de mecanismos alternativos de solución de controversias garantizarán en todo momento el trato neutro y libre de sesgos. Al efecto deberán acreditar la independencia orgánica, presupuestaria y técnica respecto del organismo que interviene como parte en el conflicto o controversia y no incurrir en ninguna de las causales para excusa previstas por esta Ley;

IV. Publicidad y transparencia. Todos los acuerdos logrados mediante la tramitación de los mecanismos alternativos de solución de controversias, así como los convenios que deriven de ellos, serán tratados como información pública y se regirán conforme a los criterios de transparencia y Gobierno Abierto vigentes en el país;

V. Justicia abierta. Consiste en la aplicación de los principios de Gobierno Abierto: transparencia, participación social, colaboración y rendición de cuentas en la tramitación de los mecanismos alternativos de solución de controversias en la administración pública, y

VI. Voluntariedad. Las partes deben concurrir de manera voluntaria y, tratándose de los organismos de la administración pública, dentro del ámbito de sus competencias. En los casos que las leyes aplicables ordenen la participación de la administración pública o de los Organismos Constitucionales Autónomos no se entenderá la obligación de alcanzar un acuerdo.

Artículo 117. Es competencia del Tribunal Federal de Justicia Administrativa y de los Tribunales de Justicia Administrativa de las entidades federativas, lo siguiente:

I. Impulsar, fomentar y difundir el uso de los mecanismos alternativos de solución de controversias como un componente del derecho fundamental de Acceso a la Justicia, bajo el principio de Justicia Abierta;

II. La creación de Centros Públicos de Mecanismos Alternativos de Solución de Controversias en materia de Justicia Administrativa;

III. Disponer la infraestructura y requerimientos tecnológicos necesarios para el trámite y prestación de los servicios de mecanismos alternativos de solución de controversias en materia administrativa, en la modalidad presencial o mediante tecnologías de la información y la comunicación;

IV. Habilitar áreas de atención al público y campañas de difusión;

V. En coordinación con el Consejo Nacional de Mecanismos Alternativos de Solución de Controversias en materia de Justicia Administrativa, podrá diseñar, y ejecutar programas de capacitación y actualización para las personas facilitadoras; celebrar convenios con instituciones de educación pública y privada para la impartición de cursos de capacitación orientados a la obtención de certificación de personas facilitadoras, de acuerdo con los Lineamientos emitidos para el efecto;

VI. Evaluar, certificar, nombrar, supervisar y sancionar a las personas facilitadoras y personas titulares de los Centros Públicos de Mecanismos Alternativos de Solución de Controversias en materia de Justicia Administrativa;

VII. Expedir Lineamientos para la atención a los usuarios, proporcionar información sobre los mecanismos y los procedimientos, la recepción de solicitudes del servicio, tramitación de los procedimientos de mecanismos alternativos de solución de controversias en materia administrativa, con apego a los principios de esta Ley;

VIII. Crear y mantener actualizado el Registro de Personas Facilitadoras en el sitio web del Tribunal que corresponda, y

IX. Otorgar, mediante aprobación de los convenios emanados de la aplicación de los mecanismos alternativos de solución de controversias, la calidad de cosa juzgada, de conformidad con la ley de la materia.

Artículo 118. En los casos que las leyes que regulan a la Administración Pública Centralizada, Descentralizada en el ámbito Federal y local, así como de los Órganos Constitucionales Autónomos, no prevean el trámite de mecanismos alternativos de solución de controversias, se estará a lo dispuesto en esta Ley o las que correspondan en el Orden Local.

Las partes que concurran por la Administración Pública Centralizada, Descentralizada en el ámbito Federal y local, así como tratándose de los Órganos Constitucionales Autónomos, deberán acreditar ante el Centro Público su personalidad jurídica con facultades suficientes para transigir en los asuntos que corresponda.

Las dependencias y entidades de la Administración Pública Federal, o las que correspondan a las entidades federativas, así como los Organismos Constitucionales Autónomos, que ejerzan su competencia en aplicación de leyes en las que no se establezcan procedimientos especiales para la substanciación de mecanismos alternativos para la solución de controversias, podrán llevarlos a cabo ante el Centro Público de Mecanismos Alternativos de Solución de Controversias en materia de Justicia Administrativa que corresponda, con el auxilio de las personas facilitadoras adscritas al mismo.

Sección Segunda
Del Consejo de Justicia Administrativa

Artículo 119. El Consejo Nacional de Mecanismos Alternativos de Solución de Controversias en materia de Justicia Administrativa es el máximo órgano de autoridad en la materia y se integrará por la persona titular del Centro Público de Mecanismos Alternativos de Solución de Controversias del Tribunal Federal de Justicia Administrativa y las personas titulares de los Centros homólogos de los Tribunales de Justicia Administrativa de las entidades federativas.

El Consejo será presidido por uno de los integrantes que será designado por el voto de las dos terceras partes de quienes lo integran. El encargo será por el periodo de tres años con posibilidad de reelegirse hasta por un periodo adicional.

Artículo 120. El Consejo Nacional de Mecanismos Alternativos de Solución de Controversias en materia de Justicia Administrativa sesionará por lo menos dos veces al año en sesiones ordinarias, con un quórum mínimo de la mitad más uno de sus integrantes y adoptará sus decisiones por la mayoría simple de sus integrantes presentes.

La persona que presida el Consejo de Justicia Administrativa, por iniciativa propia o a propuesta de alguna de las personas integrantes del mismo, podrá invitar a las sesiones de Consejo, a personas que resulten de interés de conformidad con la agenda a debatir, quienes participarán con voz, pero sin voto.

Artículo 121. Corresponde al Consejo Nacional de Mecanismos Alternativos de Solución de Controversias en materia de Justicia Administrativa:

I. Revisar los criterios de capacitación y certificación de las personas facilitadoras en materia administrativa con la finalidad de homologarlos;

II. Establecer los criterios de publicación de los convenios celebrados en la administración pública, con independencia de la publicación respectiva en los boletines y con estricto apego a las disposiciones de la Ley General de Transparencia y Acceso a la Información Pública;

III. Crear y mantener actualizado el Registro de Personas Facilitadoras en materia administrativa, y

IV. Fungir como órgano consultivo.

Sección Tercera
De las Personas Facilitadoras

Artículo 122. Son requisitos para las personas facilitadoras en materia administrativa:

a) Para las personas facilitadoras servidoras públicas:

I. Contar con nacionalidad mexicana;

II. Realizar las capacitaciones requeridas por el Tribunal de Justicia Administrativa correspondiente;

III. Aprobar las evaluaciones requeridas por el Tribunal de Justicia Administrativa correspondiente, y

IV. No haber sido condenado por delitos de los señalados en el artículo 108 y 109 de la Constitución Política de los Estados Unidos Mexicanos.

b) Para las personas facilitadoras de los Tribunales de Justicia Administrativa federal o locales, además de las previstas en el inciso anterior, será necesario contar con los requisitos para ocupar el cargo de persona secretaria de acuerdos, proyectista o equivalente, conforme a las leyes orgánicas aplicables;

c) Para las personas facilitadoras privadas que intervienen en mecanismos alternativos de solución de controversias en sede administrativa, serán aplicables las disposiciones del Capítulo III de la presente Ley.

Artículo 123. Son obligaciones y deberes de las personas facilitadoras en materia administrativa:

I. Conducir el procedimiento con estricto apego a la ley, de manera imparcial y en observación a los principios aplicables;

II. Las señaladas por esta Ley en cuanto no se opongan a lo dispuesto por el presente Capítulo;

III. Las señaladas por las Leyes, Reglamentos o Estatutos Orgánicos aplicables;

IV. Las señaladas en los Códigos de Ética de los Tribunales de Justicia Administrativa Federal o de las entidades federativas al que se encuentren adscritos;

V. Formular requerimientos mediante el uso de medios telemáticos, y

VI. Las demás señaladas en las leyes aplicables.

Las personas facilitadoras deberán excusarse de conducir el procedimiento de conformidad con lo previsto en esta Ley y las demás disposiciones aplicables.

Artículo 124. Las personas facilitadoras en materia administrativa que incurran en una falta a sus obligaciones serán sujetas al procedimiento sancionador de conformidad con lo dispuesto por la Ley General de Responsabilidades Administrativas y los Lineamientos internos de cada Tribunal de Justicia Administrativa. Lo anterior sin perjuicio de las responsabilidades penales o civiles en que pudieran haber incurrido con su conducta y que se determinarán en la vía procedente.

Artículo 125. Para ser Titular de un Centro Público de Mecanismos Alternativos de Solución de Controversias en materia de Justicia Administrativa, se requieren, además de los requisitos previstos para las personas facilitadoras, acreditar experiencia profesional de al menos cinco años en la materia administrativa y tres años en mecanismos alternativos de solución de controversias.

Artículo 126. Es requisito indispensable para aplicar los mecanismos alternativos de solución de controversias en materia administrativa, que las personas facilitadoras públicas cuenten con la certificación expedida por el Tribunal Federal de Justicia Administrativa o los Tribunales de Justicia Administrativa de las entidades federativas, conforme lo dispuesto en esta Ley.

Quedan exceptuados de esta disposición, los servidores públicos adscritos a los órganos especializados en mecanismos alternativos de solución de controversias sectorizados en la Administración Pública Local y Federal, Centralizada y Paraestatal, así como los Organismos Constitucionales Autónomos, de conformidad con lo dispuesto en esta Ley.

Las personas facilitadoras privadas, podrán intervenir en los procedimientos de mecanismos alternativos de solución de controversias de la forma en que lo permita la regulación especial de cada materia y deberán cumplir los requisitos previstos en el Capítulo III de la presente Ley.

Para garantizar la agilidad de los mecanismos alternativos de solución de controversias, las personas facilitadoras podrán formular requerimientos mediante el uso de tecnologías de la información y comunicación o sistemas en línea. La omisión en la entrega de la información requerida se considera falta administrativa no grave para efectos de la Ley General de Responsabilidades Administrativas.

Sección Cuarta
De la Tramitación de los Mecanismos Alternativos de Solución de Controversias en el ámbito administrativo

Artículo 127. Las partes podrán solicitar la tramitación de los mecanismos alternativos de solución de controversias:

I. Fuera de procedimiento contencioso administrativo, de manera personal o por conducto de representante legal, de manera física o digital mediante las oficialías de partes de las autoridades administrativas competentes o de los Centros Públicos de Mecanismos Alternativos de Solución de Controversias en materia de Justicia Administrativa que correspondan, o

II. Dentro del Procedimiento contencioso administrativo, ya sea durante su substanciación o en etapa de ejecución de sentencia, por quien legalmente represente a la parte actora o por la autoridad que revista el carácter de demandada, mediante escrito dirigido a la autoridad jurisdiccional que conozca del asunto o ante la oficialía de partes del Centro Público de Mecanismos Alternativos de Solución de Controversias en materia de Justicia Administrativa que corresponda.

Recibida la solicitud, se turnará a la persona facilitadora que corresponda, quien deberá examinar la controversia y determinar si es susceptible de ser tramitada a través de los mecanismos alternativos de solución de controversias, de conformidad con lo dispuesto por este Capítulo. En caso de que la controversia no sea susceptible de aplicación se les comunicará a las personas solicitantes.

Dentro de un proceso contencioso administrativo, cuando el magistrado instructor estime que la controversia es susceptible de resolverse o la sentencia de cumplirse mediante la aplicación de un mecanismo alternativo de solución de controversias, deberá comunicar mediante acuerdo a las partes que tienen la opción de acceder a la tramitación del mecanismo. Las partes deberán manifestar por escrito, en el término de cinco días, su voluntad de participar en el procedimiento de mecanismo alternativo de solución de controversias. La falta de respuesta por parte de alguna de las partes se entenderá en sentido negativo.

Artículo 128. Sin perjuicio del análisis de procedencia, no se dará trámite a los mecanismos alternativos de solución de controversias tratándose de lo siguiente:

I. Resoluciones definitivas por las que se impongan sanciones administrativas a los servidores públicos, así como contra las que decidan los recursos administrativos en dicha materia, salvo tratándose la modalidad, forma, monto o plazos para el pago de las sanciones económicas, así como el periodo de la suspensión, destitución o inhabilitación que se hubiere determinado;

II. En materia agraria, que se tramitarán de conformidad con lo dispuesto por el artículo 27 de la Constitución Política de los Estados Unidos Mexicanos;

III. Las materias previstas en el artículo 94 de la Ley de Comercio Exterior, salvo las relativas a los actos de aplicación de las cuotas compensatorias definitivas, o la modalidad, plazos o facilidades de pago y condonación de multas y accesorios;

IV. Se afecten los programas o metas de la Administración Pública Centralizada, Descentralizada en el ámbito Federal y Local, así como tratándose de los Órganos Constitucionales Autónomos;

V. Se atente contra el orden público;

VI. Se afecten derechos de terceros;

VII. En controversias laborales con la Administración Pública, deban tramitarse de conformidad con lo dispuesto por el artículo 123 de la Constitución Política de los Estados Unidos Mexicanos y la Ley Federal del Trabajo, y

VIII. Cuando la controversia sea planteada por las autoridades administrativas, respecto de las resoluciones administrativas favorables a un particular, cuando se consideren contrarias a la Ley.

Artículo 129. La persona facilitadora citará a las partes para la realización de una sesión preliminar. En caso de que las partes concurran a la sesión, esta se llevará a cabo observando lo siguiente:

I. La persona facilitadora proporcionará a las partes toda la información relativa al procedimiento, principios que rigen, tratamiento de la información aportada durante el procedimiento, efecto de suspensión de términos, efectos en la ejecución del acto administrativo, modo en que se realizan las sesiones, el derecho de asistirse de peritos o especialistas, alcance y efectos de los convenios emanados del procedimiento;

II. La persona facilitadora verificará la identidad y personalidad de las partes. Las partes que concurran deberán acreditar ante el Centro Público su personalidad jurídica, así como sus facultades suficientes para representar y transigir en los mecanismos alternativos de solución de controversias;

III. Las autoridades administrativas deberán exhibir el dictamen técnico-jurídico de conformidad con las disposiciones aplicables;

IV. Las partes deberán manifestar bajo protesta de decir verdad si conocen la existencia de derechos de terceros. Cuando se conozca la existencia de derechos de terceros, la persona facilitadora citará al mismo para que manifieste su conformidad u oposición al procedimiento.

En caso de que los terceros no puedan ser localizados dentro del primer mes contado a partir de la admisión del mecanismo, o cuando se opongan al mecanismo que corresponda, la persona facilitadora determinará la conclusión del mecanismo alternativo de solución de controversias de que se trate;

V. La persona facilitadora verificará la suscripción de las partes del acuerdo de aceptación;

VI. La persona facilitadora programará la sesión de trabajo y dejará constancia de haber informado a las partes del lugar, día, fecha y hora para la celebración de la misma;

VII. La persona facilitadora notificará al magistrado instructor de la celebración del acuerdo de aceptación, quien decretará, de manera fundada y motivada, las medidas cautelares necesarias cuando no se opongan a la Ley y solicitará a la instrucción la suspensión del proceso. Dicha suspensión no podrá exceder de tres meses, salvo que, por el estado que guarda el mecanismo alternativo, se determine ampliar por una sola ocasión el plazo, hasta por otros tres meses;

VIII. En los casos de aplicación de mecanismos para cumplimiento de sentencia, se suspenderán los plazos de ejecución de la sentencia correspondiente y el Tribunal de Justicia Administrativa en el que se encuentre radicado el asunto se abstendrá, durante la suspensión, de exigir coactivamente el cumplimiento del fallo. Si las partes llegaren a un convenio en estos supuestos, la persona facilitadora lo comunicará al Tribunal de Justicia Administrativa del conocimiento en el plazo de tres días hábiles, para que provea lo que en derecho corresponda respecto del cumplimiento de la sentencia.

Artículo 130. El procedimiento de los mecanismos alternativos de solución de controversias en materia administrativa se desarrollará en la o las sesiones que sean pertinentes de acuerdo con la naturaleza y complejidad del conflicto o controversia.

Las sesiones deberán realizarse con la presencia de todas las partes, personalmente o por conducto de sus apoderados o representantes legales. Cuando las partes así lo acuerden, podrán realizarse sesiones individuales con alguna de las partes.

Los especialistas o peritos que las partes autoricen por acuerdo podrán asistir a las sesiones con la única finalidad de presentar información técnica, científica o especializada que les hubiera sido requerida. No podrán manifestar opinión sobre el sentido en que debe resolverse la controversia.

Cualquiera de las partes o la persona facilitadora podrán solicitar receso de la sesión. Si el receso es aceptado por las partes, se fijará la extensión de la misma y horario para reanudar.

Artículo 131. Son causales para la conclusión del procedimiento:

I. La manifestación expresa de la voluntad por alguna de las partes, para dar por concluido el trámite del mecanismo;

II. Por abandono del procedimiento que se actualiza por dejar de asistir a dos sesiones sin causa justificada;

III. Por desaparecer la materia del conflicto o controversia;

IV. Por conocer la existencia de derechos de tercero que puedan resultar afectados por el trámite del mecanismo o que, habiéndosele invitado a participar, no se le localice oportunamente o manifieste expresamente su negativa de que la controversia se resuelva a través del mecanismo;

V. Incurrir, cualquiera de las partes en un comportamiento irrespetuoso, agresivo o con intención notoriamente dilatorias;

VI. Por la muerte, extinción o disolución de alguna de las partes, y

VII. En los demás casos en que proceda dar por concluido el trámite del mecanismo de conformidad con la Ley Federal de Procedimiento

Contencioso Administrativo o las leyes de procedimiento contencioso administrativo de las entidades federativas.

En todos los casos, se deberá informar en un plazo máximo de tres días hábiles a la autoridad jurisdiccional o administrativa competente, para que en el ámbito de sus atribuciones se continúe con el trámite del procedimiento jurisdiccional o administrativo respectivo.

Artículo 132. Cuando los mecanismos alternativos de solución de controversias en materia contenciosa administrativa se soliciten para obtener el cumplimiento de una sentencia firme, la persona facilitadora deberá cerciorarse de que no se modifiquen el sentido, alcance o efecto de la sentencia o resolución respectiva.

Artículo 133. Los Tribunales de Justicia Administrativa en sus respectivos ámbitos de competencias deberán disponer la instrumentación, publicación y actualización de un Registro de Personas Facilitadoras que integran los Centros Públicos de Mecanismos Alternativos de Solución de Controversias en materia de Justicia Administrativa, según corresponda.

Artículo 134. Los Tribunales de Justicia Administrativa en sus respectivos ámbitos de competencias deberán disponer la instrumentación, publicación y actualización de un Sistema de convenios, de conformidad con lo dispuesto en materia de transparencia.

Sección Quinta
Del Convenio

Artículo 135. Los convenios firmados y suscritos por las partes y la persona facilitadora, deberán contener el detalle de los procesos jurisdiccionales vinculados a la misma controversia, además de los requisitos previstos en esta Ley. Se entiende que se trata de la misma controversia cuando exista identidad en las partes, materia del conflicto, tiempo y territorio donde se verifica.

Las partes preservarán sus derechos y demás acciones legales que les asistan, en caso de no lograr la celebración del Convenio.

Artículo 136. Los convenios suscritos y firmados serán remitidos al Magistrado Instructor con la finalidad de que sean aprobados. La autoridad jurisdiccional verificará que los términos convenidos:

a) No contravengan disposiciones de orden público;

b) No afecten derechos de terceros, y

c) No resulten notoriamente desproporcionados.

Verificado lo anterior, la autoridad jurisdiccional resolverá sobre la procedencia de lo convenido, para en su caso, dar por terminado el juicio, precisando los términos del Convenio de las partes. En el caso de considerar improcedente el convenio, se informará a las partes quienes podrán optar por subsanar los aspectos procedentes o reanudar el procedimiento contencioso administrativo. La resolución que de por terminado el juicio en virtud de un convenio de las partes se notificará personalmente a los particulares y por oficio a las autoridades.

Los convenios celebrados en sede administrativa surtirán los efectos de cosa juzgada de conformidad con lo dispuesto en esta Ley y las demás que resulten aplicables.

Artículo 137. Los convenios suscritos por las partes y la persona facilitadora adquirirán el carácter de cosa juzgada una vez aprobados por el Magistrado Instructor. El tribunal se encargará de publicar en el boletín oficial el Convenio logrado y de publicar los términos del mismo conforme a las disposiciones de la Ley General de Transparencia y Acceso a la Información Pública y las disposiciones emitidas para el efecto.

Los convenios que se celebren en relación con el cumplimiento de sentencias tendrán como efecto la declaración de cumplimiento de sentencia.

Artículo 138. No procederá el juicio de lesividad en contra de los convenios señalados en esta Sección.

Capítulo IX
Régimen de Responsabilidades y Sanciones

Artículo 139. Las personas titulares de los Centros Públicos de Mecanismos Alternativos de Solución de Controversias, las personas facilitadoras públicas y privadas certificadas de conformidad con esta Ley, estarán sujetas al sistema de responsabilidades y sanciones previsto en este Capítulo y en la presente Ley, a falta de estipulación al respecto, en la legislación federal o local en materia de mecanismos alternativos de solución de controversias que corresponda, en las que se definen los regímenes aplicables a las personas facilitadoras certificadas, los órganos competentes para conocer de las infracciones y la aplicación de las sanciones.

Sin perjuicio de lo anterior, las personas titulares de los Centros Públicos, las personas facilitadoras adscritas a los mismos y las personas facilitadoras privadas certificadas quedarán sujetas a las sanciones que le imponga el Consejo de la Judicatura Federal o locales, según corresponda, con base en las responsabilidades y sanciones previstas en la presente Ley, tanto en el ámbito federal como local, a los regímenes de responsabilidades de los servidores públicos previstos en la legislación de la materia, así como en las leyes orgánicas de los Poderes Judiciales Federal o de las entidades federativas.

Asimismo, las personas facilitadoras privadas estarán sujetas a la legislación civil y penal aplicable en materia de prestación de servicios profesionales.

Artículo 140. El Consejo de la Judicatura Federal o de las entidades federativas o la instancia que corresponda de conformidad con la presente ley, serán las autoridades encargadas de sustanciar el procedimiento administrativo y en su caso imponer las sanciones correspondientes, a las personas facilitadoras públicas o privadas, sin perjuicio de las responsabilidades administrativas, civiles o penales que en su caso se determinen.

Artículo 141. Las infracciones a lo dispuesto en la presente Ley serán sancionadas, previo apercibimiento, en los siguientes términos:

I. Amonestación;

II. Sanción económica;

III. En caso de generar daños económicos a las partes, la reparación de los mismos;

IV. Suspensión de la certificación;

V. Revocación de la certificación, e

VI. Inhabilitación.

Artículo 142. Las personas facilitadoras públicas y privadas serán acreedoras a la imposición de una sanción en los términos del artículo anterior, en caso de actualizarse alguno de los siguientes supuestos:

I. Conducir un procedimiento de mecanismo alternativo de solución de controversias cuando se tenga algún impedimento de los contemplados en esta Ley y demás disposiciones aplicables;

II. No dejar constancia electrónica o escrita del Convenio en el expediente respectivo o no expedir una copia certificada del Convenio para cada una de las partes;

III. Cuando se presente denuncia con motivo del trato subjetivo, manifestación de juicios de valor, opiniones o prejuicios que puedan influir en la toma de decisiones de las partes. Derivado de lo anterior cualquiera de las partes podrá solicitar la sustitución de la persona facilitadora;

IV. Si con motivos de sus funciones solicitan, reciben u obtiene para sí o a favor de terceros, dádivas o prebendas;

V. Omitir la remisión de los convenios al Centro Público dentro del plazo señalado;

VI. No actualizar la información del Registro de Personas Facilitadoras;

VII. Delegar las funciones que le correspondan en terceras personas;

VIII. Desempeñarse como persona facilitadora sin contar con la certificación vigente;

IX. Representar o asesorar a las partes fuera del mecanismo previsto por esta Ley, durante y al menos el año previo o posterior a la celebración del Convenio y su registro, salvo lo dispuesto en el artículo 36 de esta Ley;

X. Atentar contra el principio de confidencialidad durante o una vez concluido el trámite de los mecanismos alternativos de solución de controversias;

XI. No haber subsanado una prevención durante el plazo que dispone esta Ley, por causas imputables a la persona facilitadora;

XII. Omitir explicar a las partes sobre las consecuencias en caso de incumplimiento parcial o total del Convenio;

XIII. No realizar los ajustes razonables y de procedimiento que en su caso requieran las partes;

XIV. No desahogar las prevenciones ordenadas por los Centros Públicos, y

XV. Las demás que establezcan esta Ley y los ordenamientos en materia de responsabilidades y sanciones del ámbito federal o local.

Artículo 143. Serán consideradas faltas graves las establecidas en las fracciones III, IV, V, VII, VIII, IX, X, XI, XII, XIII y XIV del artículo anterior.

Artículo 144. Son causas de inhabilitación de las personas facilitadoras públicas, al menos, las siguientes:

I. Conocer de un asunto en el cual tenga impedimento legal o no se excuse, en los términos de esta Ley;

II. Ejecute actos, incurra en omisiones que produzcan un daño, perjuicio o alguna ventaja indebida para alguna de las partes; así como, exija, acepte, obtenga o pretenda obtener, por sí o a través de terceros, con motivo de sus funciones, cualquier beneficio no comprendido en su remuneración como persona facilitadora pública, que podría consistir en dinero; valores; bienes muebles o inmuebles, incluso mediante enajenación en precio notoriamente inferior al que se tenga en el mercado; donaciones; servicios; empleos y demás beneficios indebidos para sí o para su cónyuge, parientes consanguíneos, parientes civiles o para terceros con los que tenga relaciones profesionales, laborales o de negocios, o para socios o sociedades de las que el facilitador o las personas antes referidas formen parte;

III. Ejerza coacción o violencia en contra de alguna de las partes, y

IV. Reincidir en la participación en algún procedimiento de mecanismos alternativos, existiendo alguna causa de impedimento previstas en la presente Ley, sin haberse excusado.

Artículos Transitorios

Primero. El presente Decreto entrará en vigor el día siguiente al de su publicación en el Diario Oficial de la Federación.

Segundo. El Congreso General de los Estados Unidos Mexicanos, contará con un plazo máximo de un año para expedir las actualizaciones normativas correspondientes, para el cumplimiento del presente Decreto.

Tercero. Las Legislaturas de las entidades federativas, contarán con un plazo máximo de un año para expedir las actualizaciones normativas correspondientes, para el cumplimiento del presente Decreto.

Cuarto. En caso de que el Congreso General de los Estados Unidos Mexicanos o las Legislaturas de las entidades federativas omitan total o parcialmente realizar las adecuaciones legislativas a que haya lugar dentro del plazo establecido en los artículos transitorios anteriores, resultará aplicable de manera directa la Ley General de Mecanismos Alternativos de Solución de Controversias.

Quinto. Los procedimientos en materia de mecanismos alternativos de solución de controversias iniciados con anterioridad a la entrada en vigor del presente Decreto, continuarán su tramitación de conformidad con las disposiciones vigentes al momento de su inicio.

Sexto. La persona titular del Consejo de la Judicatura Federal deberá convocar a las personas que integrarán el Consejo Nacional dentro de un plazo de noventa días naturales a partir de la entrada en vigor del presente Decreto, para efectos de su instalación.

Séptimo. Una vez designado el Titular del Centro Público de Mecanismos Alternativos de Solución de Controversias del Tribunal Federal de Justicia Administrativa, acorde con lo dispuesto en el Capítulo VIII de la presente Ley, éste deberá convocar a las personas que integrarán el Consejo de Justicia Administrativa dentro de un plazo de noventa días naturales a partir de su designación, para efectos de su instalación.

Octavo. Los Poderes Judiciales de la Federación y de las entidades federativas, a través de los Consejos de la Judicatura o instancia equivalente, deberán llevar a cabo las acciones necesarias para la creación y funcionamiento del Registro de Personas Facilitadoras y del Sistema de Convenios en su respectivo ámbito de competencias.

Noveno. La información que a la fecha de entrada en vigor del presente Decreto obre en los sistemas electrónicos, bases de datos y registros de los Centros Públicos, Instituciones u órganos especializados en Justicia Alternativa formará parte de sus sistemas informáticos como memoria histórica de los mismos y deberá preservarse de conformidad con lo dispuesto por las leyes de Archivos y demás disposiciones que resulten aplicables.

Décimo. Las certificaciones que hayan sido expedidas a las personas facilitadoras previo a la entrada en vigor del presente Decreto, seguirán siendo vigentes hasta su vencimiento.

Décimo Primero. En caso de que haya concluido la vigencia de la Certificación y los Poderes Judiciales de las entidades federativas no emitan la Convocatoria que corresponda para la renovación o recertificación en los términos previstos en la Ley General de Mecanismos Alternativos de Solución de Controversias prevista en el presente Decreto, ésta continuará vigente hasta en tanto se lleven a cabo los actos y procedimientos dispuestos para tal fin.

Décimo Segundo. Los Titulares de los Centros Públicos de Mecanismos Alternativos de Solución de Controversias, continuarán en sus funciones hasta agotar el plazo previsto por su nombramiento. En los casos de personas Titulares cuyo nombramiento o designación no contemple un plazo de vigencia en el mismo, se estará a lo dispuesto en la Sección Tercera del Capítulo II de la presente Ley.

Décimo Tercero. El Consejo Nacional contará con un plazo máximo de 180 días naturales, posteriores a su instalación, para expedir los Lineamientos previstos en el presente Decreto, así como para elaborar y aprobar su reglamento interno.

Décimo Cuarto. El Consejo de Justicia Administrativa contará con un plazo máximo de ciento ochenta días naturales, posteriores a su instalación, para expedir los Lineamientos previstos en el presente Decreto, así como para elaborar y aprobar su reglamento interno.

Décimo Quinto. Los Poderes Judiciales de la Federación y de las entidades federativas mediante acuerdos generales, establecerán la metodología y los lineamientos para el acceso efectivo a los procesos de justicia restaurativa y terapéutica, de conformidad con lo dispuesto en el Capítulo VI de la Ley. Para tal efecto podrán celebrar convenios de colaboración con entes públicos y privados.

Décimo Sexto. Los ejecutores de gasto correspondientes contemplarán, en su caso, en sus proyectos de presupuesto de los ejercicios fiscales posteriores a la publicación del presente Decreto, una asignación de recursos presupuestarios para el cumplimiento del presente Decreto en el ámbito federal, considerando las disposiciones de la Ley Federal de Presupuesto y Responsabilidad Hacendaria y los Criterios de Política Económica.

Los Congresos locales realizarán las previsiones presupuestales para el cumplimiento del presente Decreto en cada una de las entidades federativas en los ejercicios fiscales posteriores a la publicación del presente Decreto.

Décimo Séptimo. La Federación y las entidades federativas, en su respectivo ámbito de competencia, proveerán los recursos humanos, materiales, tecnológicos y financieros que requiera la implementación del presente Decreto, conforme a los presupuestos autorizados en los términos del artículo transitorio Décimo Sexto.